我国企业科技人才吸引力研究

Research on Attraction of
Chinese Enterprises to Scientific and Technical Talents

王海芸 赵 峥 著

上海交通大学出版社
SHANGHAI JIAO TONG UNIVERSITY PRESS

内容提要

本书综合运用技术经济学、企业管理学等学科的相关理论,围绕企业吸引和集聚高层次科技人才的影响因素这个核心问题展开研究。作者从激励和组织行为学理论入手,提出了 12 个假设,并通过企业实地调研、问卷调查等手段,利用结构方程的方法和多案例分析法验证了提出的假设,探讨了激励机制影响企业科技人才吸引力的理论逻辑和内在机理,并提出了相应的政策建议,为提升我国企业的人才吸引力提供了一定的理论支持和决策参考。

图书在版编目(CIP)数据

我国企业科技人才吸引力研究/王海芸,赵峥著.—上海:上海交通大学出版社,2017
ISBN 978-7-313-17140-5

Ⅰ.①我… Ⅱ.①王…②赵… Ⅲ.①企业管理-技术人才-人才引进-研究-中国 Ⅳ.①F279.23

中国版本图书馆 CIP 数据核字(2017)第 111504 号

我国企业科技人才吸引力研究

著　者:	王海芸　赵　峥			
出版发行:	上海交通大学出版社	地　址:	上海市番禺路 951 号	
邮政编码:	200030	电　话:	021-64071208	
出 版 人:	谈　毅			
印　制:	上海天地海设计印刷有限公司	经　销:	全国新华书店	
开　本:	710mm×1000mm　1/16	印　张:	13.5	
字　数:	166 千字			
版　次:	2017 年 9 月第 1 版	印　次:	2017 年 9 月第 1 次印刷	
书　号:	ISBN 978-7-313-17140-5/G			
定　价:	68.00 元			

前　言

　　创新是企业发展的动力，人才是企业创新的源泉。当前，我国经济发展模式正在实现从要素驱动向创新驱动转变的过程中，如何释放人才能力、激发人才活力、凝聚人才智慧，提升企业竞争力，形成产业和国家创新优势，不仅是企业发展面临的重要问题，也是影响国民经济长期健康发展的战略命题。在这一背景下，系统研究创新激励与企业人才，特别是企业科技人才吸引力问题，积极推动中国企业培育和发挥人才优势，通过创新驱动自身发展，将不仅有助于丰富和完善中国企业创新发展的理论体系，更有助于认识和理解科技人才价值，发挥科技人才对企业创新的推动和支撑作用，为中国产业升级和国民经济社会健康发展提供持续支持。

　　本书综合运用宏观经济学、产业经济学、技术经济学、企业管理学等学科的相关理论，主要围绕哪些因素影响了企业吸引和集聚高层次科技人才、如何在市场机制失灵的情况下强化企业的科技人才吸引力等核心问题展开研究，试图从激励的角度对企业科技人才吸引力进行分析和解读。全书从激励和组织行为学理论入手，提出了 12 个假设，并利用企业实地调研问卷结果，通过结构方程的方法和多案例分析法验证了上述研究中得到的结论，不仅对企业科技人才吸引力的内涵和价值进行了界定和解释，探讨了激励机制支持企业科技人才吸引力的理论逻辑和内在机理,还提出了相应的政策建议,为提升中国企业的人才吸引力提供了一定的理论支持和决策参考。本书是在王海芸博士的毕业论文《基于激励理论的我国企业高层次科技人才吸引力研究》的基础上进一步完善形成的,全书一共8章,其中王海芸执笔第1、2、3、4、5、6、8章,赵峥执笔第1、7、8章。

科技创新,人才为本。我们希望通过一些探索性的调查、研究与分析,为广大企业管理者、政府决策者、理论工作者认识和理解中国企业科技人才吸引力问题提供一个相对独特的视角。同时,衷心希望本书能够为大家提供一些思路,引发更多关于科技人才与企业发展的思考,为改善和优化人才发展微观和宏观环境、提升中国企业综合竞争力贡献绵薄之力。当然,囿于作者学识与能力所限,书中难免存在纰漏和不当之处,诚盼大家不吝指教。

王海芸　赵峥

2017 年 5 月

目　录

1　引言　/001

1.1　研究背景　/001

1.2　研究目的及意义　/009

1.3　研究对象及研究问题　/012

1.4　研究方法　/013

1.5　主要创新点　/014

2　文献综述　/016

2.1　人才研究　/016

2.2　人才集聚及影响因素研究　/029

2.3　人才流动及影响因素研究　/052

2.4　企业科技人才吸引力相关研究　/060

3　理论分析框架　/074

3.1　理论分析　/074

3.2　假设的提出　/088

3.3　企业科技人才吸引力及影响因素的量表设计　/097

4　研究方法与程序　/106

4.1　模型构建　/106

4.2　问卷调查　/108

5　数据分析与结果　/127

5.1　正式问卷的数据来源　/127

5.2　问卷分析的步骤　/128

5.3　研究样本基本描述　/128

5.4　控制变量分析　/139

5.5　相关性分析　/145

5.6　结构方程分析　/146

6　调查研究分析　/151

6.1　企业科技人才吸引力分析　/151

6.2　调查研究分析的方法　/153

6.3　调查研究分析的结论　/156

7　典型案例研究　/161

7.1　企业内部环境与企业科技人才吸引力：华为"以奋斗者为本"增强人才归属感　/161

7.2　产业发展环境与企业科技人才吸引力：硅谷电子信息产业集群的人才激励　/163

7.3　政策环境与企业科技人才吸引力：特拉维夫构建创新创业生态系统　/165

7.4　经济环境与企业科技人才吸引力：东北经济衰退中的人才流失现象　/167

7.5　生活环境与企业科技人才吸引力：纽约城市规划的人本理念　/169

8　研究结论与建议　/174

8.1　主要研究结论　/174

8.2　政策建议　/177

附录　企业高层次科技人才吸引力影响因素调查问卷　/187

参考文献　/195

索引　/205

1 引 言

1.1 研究背景

  创新是推动一个国家和民族向前发展的重要力量,也是推动整个人类社会向前发展的重要力量。随着世界社会经济的发展,知识和技术在创造财富中的作用越来越重要。人才作为先进知识的创造者、使用者和传播者,越来越成为一国科技进步与经济社会发展的重要资源,人才对国家竞争力的有效提升起决定性作用。随着我国经济发展进入新常态,以廉价"土地红利"和"人口红利"为驱动力的发展模式正在调整,逐步向创新要素投入的新模式转变。提升经济发展的质量与效益,在稳增长的同时,要推动发展从主要依靠要素投入向更多依靠创新驱动转变。党的十八大做出了实施创新驱动发展战略的战略部署,强调科技创新是提高社会生产力和综合国力的战略支撑,必须摆在国家发展全局的核心位置。党的十八届三中全会把深化科技体制改革作为全面深化改革的重要内容,也将全面开展科技创新及进步监测纳入转变政府职能、深化科技体制改革的重点任务。《中共中央国务院关于深化体制机制改革加快实施创新驱动发展战略的若干意见》

更加明确指出,要面对全球新一轮科技革命与产业变革的重大机遇和挑战,面对经济发展新常态下的趋势变化和特点,面对实现"两个一百年"奋斗目标的历史任务和要求,必须深化体制机制改革,加快实施创新驱动发展战略。创新的关键在人才。其中,高端人才资源更是推动国家发展的核心力量,是一国汇聚价值链高端的决定性因素。近年来,世界各国都充分认识到,未来国与国之间的竞争,归根到底是知识和人才的竞争,特别是创新型科技人才的竞争。正因如此,发达国家以及新兴工业化国家都在竞相制定本国的人才战略,采取培养与引进并举、精心管理和高效使用并重的政策,努力培养人才、吸引人才、留住人才、用好人才,以提升本国经济和科技在国际上的竞争力。

随着国际竞争的日益加剧,科技研发实力成为各国获得竞争优势的决定性因素,尤其是企业的科研实力。国际上有 6 万家全球性跨国企业,其产值约占全球总产值的 25%,贸易额占国际贸易额的 60%,技术贸易占 60%～70%,专利和技术许可费占 98%。当今世界经济强国,其竞争力也主要体现在掌握核心竞争力的跨国公司身上,例如美国的通用、微软、英特尔,德国的大众、西门子、博世,日本的松下、索尼、丰田,韩国的现代、三星等。特别是作为后发国家的日本、韩国,在战后不到 30 年的时间就步入世界经济强国和创新型国家的行列,这得益于一批创新型企业群体的骨干和引领作用。因此,不断增强我国企业科技研发能力,从根本上提高我国的核心竞争实力,已经成为现阶段促进我国经济与社会可持续发展的关键。在我国科技研发实力的培养过程中,科技人才队伍的建设是最主要的因素。科技人才队伍作用的发挥离不开良好的产业环境,而企业作为产业构成单位是吸引和使用科技人才的主要阵地。因此,大力加强对企业科技人才的培养和激励在增强我国科研实力的过程中具有非常重要的战略作用。

经过改革开放的快速发展,我国科技人才队伍建设取得了重要进展,同时科研经费也不断逐年增加。我国科技人才呈现快速增长的态势,总量和增速居世界前列[①],但强度仍然较低。据科技部统计,我国人才资源仅占人力资源的 5.7% 左右,而高层次人才仅占人才资源的 5.5% 左右。2014 年,我国科技人力资源总量达到 8 114 万人,研究与开发人员(以下简称 R&D 人员)全时当量已达到 353.28 万人年,均居世界首位(见表 1.1)。中青年科技人才已经成为我国科技活动的主力军,我国科技活动人员在企业、研究机构和高等学校中的分布开始趋于合理,留学人员回国潮正在形成。但是,我国还远不是科技人力资源的强国,特别体现在高层次创新人才极度匮乏,留学回国人员中高层次创新人才比例不高,企业高层次创新人才不足。这种多方面表现出的科技人才规模庞大与水平不高的矛盾现象,是目前我国高层次科技人才队伍现状的主要特征。从高层次科技人才成长规律特点的要求出发,目前的主要问题在体制机制和政策等方面,这些问题妨碍了一个人尽其才、人才辈出的良好环境的形成。

(1) 我国企业已经具备了吸引高层次科技人才的部分条件,尤其在科研条件方面,而且对于高层次科技人才的需求迫切。我国企业研发投入已经接近发达国家水平[②]。目前我国研发总量较多,但是研

[①] 具体指标体现在:
- 本科及以上学历人数已经赶上美国:1 800 万 vs. 1 700 万;
- 研发人员、科学家和工程师数量也仅次于美国;
- 2000—2007 年,我国研发人员增长了 88%,年均增速 9.5%,而同期欧盟 15 国研发人员总量年均增速仅为 2.2%。
- 2007 年每万人劳动力中 R&D 活动人员仅为 22 人,在国际上居第 33 位,而发达国家一般为 100~170 人。
- (5)平均受教育年限仅为 6.4 年,低于一些低收入国家和地区,80% 以上的劳动力受教育水平为初中和初中以下。

[②] 目前,我国企业创新速度加快,能力增强,但仍较薄弱。企业发明专利比例从 2004 年的 21% 增加到 2012 年的 54.7%。2007 年与 2005 年相比,有科技机构的(大中型)企业数量增加了 535.5%,有科技活动的企业数量增加了 395.8%。内资企业的 R&D 经费占主营收入比例、科技活动人员占从业人员比例都高于三资和外资企业,但新产品产值和销售收入比例(15% 和 10.5%)都远低于外资企业(21.2% 和 13.5%)。2012 年专利授权量排名前十位的国内企业中,内资企业占了 7 (转第 5 页)

表 1.1　全国 R&D 人才数量和经费支出（2001—2013 年）

	2001	2002	2003	2004	2005	2006	2007	2008	2009	2010	2011	2012	2013
专业技术人员（万人）	2 169.8	2 186.0	2 174.0	2 178.3	2 197.9	2 209	2 229.8	2 309.9	2 321.2	2 269.7	2 356.9	2 387.4	2 438.9
从事科技活动人员（万人）	314.1	322.2	328.4	348.2	381.5	390	454.4	496.7	—	—	—	—	—
科学家与工程师（万人）	207.2	217.2	225.5	225.2	256.1	264	312.9	343.5	—	—	—	—	—
R&D人员（全时当量/万人年）	95.7	103.5	109.5	115.3	136.5	142	173.6	196.5	229.1	255.4	288.3	324.7	353.3
科学家与工程师（万人年）	74.3	81.1	86.2	92.6	111.9	118	142.3	159.2	—	—	—	—	—
R&D经费支出（亿元）	1042.5	1287.6	1539.6	1966.3	2450.0	3003.1	3710.2	4616.0	5802.1	7062.6	8687.0	10298.4	11846.6
R&D经费支出/国内生产总值（%）	0.95	1.07	1.13	1.23	1.34	1.42	1.40	1.47	1.70	1.76	1.84	1.98	2.08
科技经费支出总额（亿元）	2 312.5	2 671.5	3 121.6	4 004.9	4 836.2	5 790	3 710.2	4 616.0	5 802.1	7 062.6	8 687.0	10 298.4	11 846.6
国家财政科技经费（亿元）	703.3	816.2	944.6	1 095.3	1 334.9	1 688.5	2 135.7	2 611.0	3 276.8	4 196.7	4 797.0	5 600.1	6 184.9
占国家财政总支出的比例（%）	3.7	3.7	3.8	3.8	3.9	3.9	4.3	4.2	4.3	4.7	4.4	4.5	4.4

资料来源：科技部网站。

备注：① 国家财政科技经费含科研基建费。
　　　② 表格中划"—"表示数据缺失。

发强度较低,R&D 总经费与发达国家的差距进一步缩小,世界排名上升,研发投入强度领先部分发达国家,但远低于经济合作与发展组织国家(以下简称 OECD 国家)平均水平。R&D 总经费排在世界第二位;R&D 占世界比例 2014 年为 14.3%,是美国的 46.4%,日本的 1.3 倍和德国的 1.9 倍;R&D/GDP 的值 2013 年为 2.01%,在发展中国家居领先地位。创新能力较强的发达国家和新兴工业化国家研发投入强度为 3%~4%,OECD 国家平均水平为 1.94%。同时应看到,我国企业在 R&D 投入和执行中的地位已经与发达国家十分接近,科学研究投入的比例反映了我国当前的创新能力和产业需要。我国全社会 R&D 投入的企业执行比例超过了美国和欧盟主要国家的水平,接近日本(75%)和韩国(76.1%)[①]。

企业科技人才是新技术的发明者、新成果的转化者,是我国实现科技新突破、发展新途径的引领者和开拓者,是国家发展的宝贵战略资源。抓紧并持之以恒地培养造就企业创新型科技人才是提高我国科技自主创新能力、建设创新型国家的必然要求。培养造就企业创新型科技人才,须遵循创新型科技人才成长规律,用教育培养人才,用实践造就人才,用机制激励人才,从而不断发展壮大企业科技人才队伍,努力形成企业科技人才不断涌现的生动局面。

总体来看,我国企业科技人才队伍建设取得了较大成绩,但长期以来,我国的科技创新活动主要集中在高校和科研院所,企业被边缘化了。目前,我国 2 万多家大中型企业研发费用占销售收入的比例仅为 0.81%,只相当于发达国家的十分之一。我国有 928 万户注册企业,但拥有自主知识产权核心技术的企业仅为万分之三,98.6%的企

(接第 3 页)家;企业 R&D 活动高度集中于技术密集型和部分资本密集型行业,传统产业 R&D 活动相对滞后。传统的劳动密集型产业和资源垄断型行业 R&D 投入总量极低。大部分 R&D 投入总量占比高的行业 R&D 强度也相对高,但总体 R&D 强度仍然较低。

① 资料来源:马名杰于 2009 年 12 月在首都院所联谊大会上的发言报告。

业从未申请过专利。按照亚当·斯密在《国富论》(*An Inquing into the Nature and Causes of the Wealth of Nations*)里对企业边界和企业分工的论述,我国的企业还不是真正意义上的企业。由于我国20世纪90年代采取的是"以市场换技术"的发展战略,我国大部分产业都参与了国际分工,跨国企业作为全球产业发展的核心龙头,整合了很多国家的企业资源。我国大部分产业的企业都成为跨国企业全球产业布局中的一员,成为他们的生产和制造型企业。我国除了部分服务于军工的产业还有创新能力外,大部分民用产业基本都丧失了自主创新能力,成为国外产业链条中的末端环节,高端研发都紧紧地掌握在跨国公司手里,因为很多企业合资条件就是不允许建立研发部门,所有研发都在跨国公司总部进行。2006年我国提出了自主创新战略,建立创新型国家,但是大部分企业还处在国际产业分工的后端,大角度的转型会不会很快见到效果?《国家科学和技术中长期发展规划纲要(2006—2020年)》出台后,也配套推出了80项科技政策,但是这些科技政策落实的效果是否如预期的那样呢?

《洛桑年鉴》(*World Competitiveness Yearbook*)评价各国科技竞争力的指标体系包括"人均全国企业R&D人员"指标。在我国进行的科技统计中,R&D人员的总量与强度、在执行部门中的分布以及科学家工程师按执行部门的分布是国际比较的重要指标,可以反映出一国科技人力资源配置的合理性和利用效率。

(2) 我国R&D人员在企业、高校及院所中的集聚状况。我国近年来R&D人员的分布正逐步接近OECD国家的整体分布情况,与多数发达国家的差距越来越小,体现了我国科技体制改革取得的有效成就。1990年,我国50.3%的R&D科学家和工程师集中在政府研究机构,29%在高校,13.9%在企业,6.8%在其他单位。随着我国工业化进程的加快和计划经济向市场经济体制的转变,R&D人员的配置情况有了一些变化:R&D人员在政府研究机构的集中程度有所降低,企业 R&D 人员所占比例略有回升。1998 年,我国从事 R&D 活动的人员中,企业所占比例增加到 41%,研究机构所占比例下降到 30% 以下,高校占 22%,还有 6%～7% 分布在其他单位。目前,我国企业科学家和工程师所占比例逐年增加,而高等学校和研究机构的科学家和工程师所占比例逐年减少。2007 年我国参与 R&D 活动的科学家和工程师总量中,企业(含其他)占 60.4%,高等学校占 21.6%,研究机构占 18%。这一分布结构已经接近 OECD 整体的分布情况。到 2013 年,企业(含其他)占 80.5%,高等学校占 9.2%,研究机构占 10.3%。与美国、日本、德国等主要发达国家相似,我国企业 R&D 人员占比已经超过了 80%(见图 1.1),说明中国的改革正向着提高企业技术创新能力的方向前进,企业的技术创新力量正在增长。

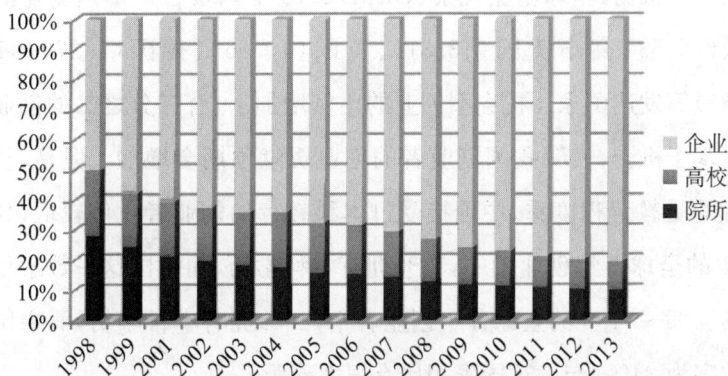

图 1.1 我国科技活动人员在企业、高校和科研院所的分布情况
资料来源:《中国科技统计年鉴》1999—2014 年。

随着我国市场经济的逐步确立和推进,我国企业 R&D 人员所占比例已经超过 80%,与部分发达国家接近,但为何企业创新绩效不高?最重要的一个原因就是企业科技人才的结构短缺,即企业高层次科技人才少,高层次创业人才少,同时缺乏企业高素质创新团队。集聚在企业的科技人才的层次结构呈现出企业 R&D 人员比例高,但高层次创新人才少、高层次创业人才少的特点。2013 年,我国企业 R&D 人员已经占全国 R&D 人员总量的 80.5%，大大超过了政府科研机构和高等学校的总和，这个比例与 OECD 国家企业 R&D 人员所占比例的整体情况基本相似。但是，我国企业的高层次创新人才相对较少。教育部 2007 年的调查数据显示，即使是工程领域的博士毕业生，也只有 15% 选择到企业工作，其他学科领域的博士毕业生去企业就业的更少。另外，根据范巍、蔡学军、成龙所著的《我国博士毕业生就业状况趋势分析》可知，中国博士生毕业后，54.4% 选择进入高校和科研机构；进入企业的博士生比例约 22.1%。高层次创新人才匮乏是导致我国企业创新能力薄弱的重要原因。高层次科技人才自主创业在我国还很不普遍。据调研，我国国民的创业意识很强，但主要在于生存创业，而非机会创业，创业人员中本科学历以上人员所占的比例很少。根据《全球创业观察（GEM）2016 中国报告》，中国创业活动指数（15.53）高于美国（13.81）、英国（10.66）、德国（5.27）、日本（3.83）等发达国家。机会型创业的比例增加了，有三分之二的创业者创业基于机会，表明我国创业者的创业贡献预期会增加。但是，从创业者的受教育程度看，中国接受过本科教育的创业者比例较低，18～24 岁的全球青年创业者中，53% 拥有本科学历，而中国这一数字仅为 24%。25～34 岁的全球青年创业者中，46% 拥有本科学历，而中国这一数字为 34%，与发达国家相比有很大差距。

由于政府机关、事业单位、社会团体等非企业组织高层次科技人力资源较为集中，为此须针对我国科技人力资源在各类企业集聚的情况进行所有制的分布情况分析。2013 年我国企业 R&D 人员已经占全国 R&D 人员总量的 80.5%，这个比例与 OECD 国家基本相似。具体分布情况：①公有制企业科技人力资源占全国科技人力资源的 69% 以上。由于我国公有制经济占主体地位，因此相关的科技人才会更加倾向于到公有制企业工作。②公有制企业中科技人力资源占就业人员的比例明显高于非公有制企业。经济普查资料显示，我国公有

制企业科技人力资源总量为 3 026 万人,占企业全部就业人员的比例
为 57.6%。其中,国有企业、国有独资公司、股份合作企业比例分别
高达 21.6%、37.2% 和 40.1%。非公有制企业科技人力资源总量
为 813 万人,占企业全部就业人员的比例为 10.6%,公有制企业比
例明显高于非公有制企业。民营企业雇员的学历普遍较低,大多数
是高中及高中以下文化程度。国家统计局企业调查队 2003 年 10 月
对 1 413 家民营企业的专题调研显示,企业从业人员大专以上文化
程度的人数只占 17.86%,民营企业总经理大学本科以上学历的仅
占三分之一。③国有企业、私营企业中大专以上学历人员的比例较
高,港澳台商投资企业中比例较低。在各类所有制企业的科技人力
资源中,具有大专及以上学历人员居前三位的依次是:有限责任公
司 453 万人、私营企业 356 万人、国有企业 338 万人,所占比例分别
为 26.8%、21.1% 和 20%。港澳台商投资企业比例较低,仅为
7.2%。公有制企业科技人力资源活力尚需激活,非公有制企业科
技人力资源有效需要不足。我国国有企业科技人力资源的拥有量
明显大于港澳台商投资企业和外商投资企业,但是人才的效能发挥
得并不充分。2013 年经济普查资料显示,外商企业人均创造的效益
是国有企业的 2.2 倍,国有企业科技人才创造的效益不及外商企业
的三分之一,除了股份有限公司的效益较好外,国有企业的效益远
不及私营企业。

1.2 研究目的及意义

一般研究目的包括四种类型:对现象加以报道,对现象加以描
述,对现象加以解释,对现象加以预测(徐淑英,2008)。本书更倾向于
对现象加以解释。论文研究的理论意义体现在:激励理论本身是针
对企业微观的,应以企业内部为主,宏观为辅。本书深化了激励理论

的实践应用,从激励的角度去分析企业科技人才吸引力,不仅在微观层面进行了分析,还增加了中观产业层面及宏观政策及经济环境层面的分析。具体来看,本书的研究目的体现在以下三个方面:

(1)正确理解和准确把握企业科技人才吸引力的内涵和价值。通过理论研究与实证分析,根据国内外相关概念界定,结合经济"新常态"发展的特征和要求,立足国家创新驱动发展和企业创新需要,理解和认识企业科技人才的战略价值,挖掘提升企业科技人才吸引力的现实路径,为推动企业创新能力,提升国家创新水平提供理论支撑。

(2)推进企业科技人才资源的集聚。充分分析和研究企业科技人才的综合环境需要,围绕企业科技人才发展特点,凝聚推动人才集聚的资源合力,形成多要素联动、多领域协同,对内可循环、可持续,对外形成强大的具有资源集聚效应的综合创新系统,推进企业科技人才资源加速集聚和外溢,释放人才资源的动力、能力和活力。

(3)营造企业科技人才创新发展环境。通过问题导向分析,推动市场在资源配置中的决定性作用,并更好地发挥政府的作用,推进政府治理能力的现代化,弱化人才发展的"政策红利",强化人才发展的"改革红利",为企业科技人才发展"松绑加力",建立充满活力、富有效率、有利于人才创新发展的体制机制,完善人才创新发展生态系统。

本书研究的现实意义体现在以下三个方面:

(1)为推动科技人才向企业集聚提供决策参考。强化企业创新主体地位,需要促使创新要素向企业集聚,尤其是促进科技人才这个最为核心的创新要素向企业集聚,本研究的目的就是为推动科技人才向企业集聚提供决策参考。就科技人才向企业集聚而言,我国目前还存在三大突出问题:①如何平衡高校、科研单位和企业内的科技人才分布,形成产学研之间的正常流动机制;②作为重要科技开发力量的国有企业依然面临科技人力资源管理的问题,其运行机制仍类似于国家事业单位,如何进一步突破机制限制,更好地与同行业跨国企业竞争;③科技开发人员在职业认证及职业规范方面还存在诸多问题,使得企业不敢放手使用人才,妨碍了科技发展等。因此,加强科技人才向企业集聚的研究更是十分必要。

(2)为建设创新型国家、落实技术创新工程、培育创新型企业提供人才队伍建设方面的决策参考。改革开放以来,我国通过招商引资、增加企业自主权、允许多种经济形式的企业并存和发展等一系列政策、措施,增强了企业的活力和市场竞争力。然而,在全球一体化和科技、产业竞争白热化的新形势下,过去"重资本"的观念应转向"重人才、重知识";如何吸引国内外的创新创业人才,鼓励他们带着成果、技术来我国开办企业,并进一步吸引高层次的科技人才到企业,从而提高企业的科技含量,提升企业在科技发展中的竞争实力是我国下一阶段经济建设的重点。企业是技术创新的主体,在创新活动转化为现实生产力的过程中发挥着不可替代的主导作用。在建设创新型国家的进程中,当前和未来相当长一段时间内,企业还可能面临诸多问题,其中,高层次创新型科技人才方面的问题尤为突出。

(3)凝聚推动企业创新发展"无形"与"有形"之手的合力。企业创新发展需要市场"无形"与政府"有形"之手的合力,将发挥市场在资源配置中的决定性作用与更好地发挥政府作用结合起来,充分创造条件,激活主体的积极性和创造性。对企业科技人才吸引力的研究,可以通过评价与分析,考量企业创新发展过程中市场和政府的作用机制,也可发现影响企业科技人才创新活力的问题与障碍,更可以通过设计引导性标准和建议框架,充分调动企业的积极性和创造性,推进企业科技人才吸引力的提升,支持和鼓励政府进一步简政放权,清理阻碍人才合理流动的地方性政策法规,大胆开展体制机制创新,推进治理体系与治理能力现代化,为企业科技创新活动"松绑加力",营造开放、公平和创新导向的创新创业环境,凝聚推动企业创新发展"无形"与"有形"之手的合力。

1.3 研究对象及研究问题

1.3.1 研究问题

科技创新,人才为本。科技人才资源已成为最重要的战略资源。企业是技术创新的主体,创新要素要向企业集聚,而我国作为正处于转型发展中的国家,在市场局部失灵的情况下,局部上做政策的弥补效果会更好些。因此,本书的研究问题是:

① 哪些因素影响了企业吸引和集聚高层次科技人才?

② 政策作为宏观影响因素之一,是如何在市场机制失灵的情况下强化企业的科技人才吸引力的?

围绕研究问题,本书从激励和组织行为学理论入手分析,提出了12 个假设,并通过结构方程的方法和多案例分析法验证了上述研究中得到的结论。

1.3.2 研究对象

鉴于科技人才在我国人才队伍中占据的主体地位,以及结合当前我国自主创新发展战略的需要,有必要深入研究科技人员在企业的分布状况,从而更好地促进科技人才这种核心的创新要素向企业集聚。有数据表明,对于大多数发达国家,科技研发活动都集中在企业,通常为 50%~60%。从发达国家经验看,其技术创新成果主要由企业完成,科技人才也主要聚集在企业。目前,我国企业占有科技活动人员接近三分之二,占有 R&D 人员的比例也超过半数,与国际发展趋势一致。但从企业实际发展情况看,我国企业科技人才队伍还处于发展的初期阶段,创新能力薄弱。尽管目前表面上我国企业科技人才总量比例已经接近合理,但仍然是一个平均 R&D 人才稀少,科技经费投入不足,高级技工和高层次科技人才缺乏,创新实力较弱的国家。

本书的研究对象是我国企业高层次科技人才,企业类型包括国有企业、民营企业及在我国境内的外资和合资企业,重点聚集于高新技术企业。科技人才主要包括两类,第一类是已经在企业工作的人才,第二类是目前还在高校和科研机构等单位工作的科技人才(但在具体的问卷调研中,为了分析得更加精准,问卷发放对象主要是企业内部的科技人才)。高层次科技人才在本书中指具有高学历或高级职称或在创新活动中具有较高贡献的科技人才。由于本书属于实证研究,为便于做量化分析,从人才的统计角度,本书主要从三方面对企业高层次科技人才进行考核:一是高学历,即具有本科及本科以上学历的人;二是高职称,即企业里的具有高级工程师、高级经济师等职称的人;三是做出了较大贡献,即在企业创新活动中发挥主要作用的科技人才,通常以企业的技术中层骨干或中层技术管理人员来做指标替代,也可以是企业自己认定的高层次科技人才。在具体问卷发放时,也设置了开放式的问题,即企业科技人才所认为的高层次科技人才的界定。

1.4 研究方法

本书的研究方法定量与定性分析相结合,主要包括以下几种:

(1) 文献分析法。本书采用了文献分析的方法,主要是针对人才、组织吸引力、企业科技人才吸引力、激励理论等进行了中英文的文献分析。

(2) 案例研究法。基于研究问题,本书采取了案例调研方法,选择了我国生物和IT产业的3家企业进行案例研究,并且对相关政府部门进行了补充访谈,试图从多个视角揭示企业在激烈的国际行业竞争中,如何更好地吸引和激励高层次科技人才,并且分析影响企业吸引和集聚高层次科技人才的因素以及企业对高层次科技人才激励政策的需要。通过到企业和相关政策主管部门的调研,掌握了第一手资料,并从管理学角度对访谈的企业做了案例分析。

（3）结构方程研究法。为更好地分析高层次科技人才向企业集聚的影响因素,本书采取了结构方程的分析方法。该分析主要基于发放的企业调研问卷,共计发放了两次问卷。第一次预调研,根据便利原则在北京地区针对高新技术企业（原认定标准）发放了80多份问卷,回收50份。第二次采取随机抽样方式,在北京地区针对高新技术企业（原认定标准）发放了300份问卷,回收了200多份。通过这些问卷分析,针对研究问题及假设做实证研究。

1.5 主要创新点

本书的创新点主要体现在以下三个方面:

（1）弥补了对高层次人才研究的不足。虽然国内外关于人才研究的文献已有不少的内容,但集中于高层次人才的研究还存在不足。随着高层次科技人才在建设创新型国家中的作用越来越重要,对其研究也越来越受到重视。本书针对企业高层次科技人才的研究在研究对象上进行了扩展和深入,同时区别于原有的吸引力调查对象为未入职的毕业生,本书研究的对象是企业在职科技人才,更多体现的是对企业已有科技人才的留用。

（2）在综述了大量人才相关研究的基础上界定了企业科技人才吸引力的概念,并首次根据已有的关于产业人才集聚、组织吸引力等的量表,设计了企业科技人才吸引力量表。量表设计完成之后,通过预调研和正式调研对问卷的效度和信度进行了分析,都达到了很好的验证结果。原有的关于高层次科技人才的研究多是定性的分析和指标评价,在定量工具的应用上较为薄弱,本书在利用调查问卷考量变量的基础上,通过统计分析进行实证。

(3)本书尝试对企业科技人才吸引力的外部影响因素进行分析,发现了产业发展环境对于吸引科技人才的重要作用,这与已有的研究大致相同,是对已有研究的进一步印证;而人才政策的影响却远远低于预期的效果,反映出已有的人才政策在吸引高层次科技人才方面存在不足。另外,经济环境对科技人才吸引力并不存在直接影响,这反映出高层次科技人才在选择城市方面越来越理性,正好佐证了现实中不再一味地选择大城市就业,而是逃离北上广去二三线城市的社会现象。

2　文献综述

本章将主要围绕研究问题，以回顾和讨论如何促进科技人才这种创新要素向企业集聚为核心，主要从科技人力资源及科技人才研究、人才流动及影响因素、人才集聚及影响因素、组织吸引力和企业科技人才吸引力及影响因素、激励理论在实践中的应用等角度进行文献分析，通过文献综述发现现有研究成果的局限性，以此入手开展深入研究。

2.1　人才研究

关于人才研究方面的文献综述主要包括五大方面：一是科技人才与科技人力资源的研究，二是研究方法研究，三是人才结构相关研究，四是人力资本理论研究，五是创新理论与技术创新体系的相关研究。

2.1.1　各类人才相关概念的界定

概念界定的原则，一方面参照国际通用的人才定义，另一方面考虑数据是否容易获得。

（1）科技人才。目前人们对科技人才的理解还存在着许多不同的认识,比较典型的观点有三种:一是认为科技人才是科技精英,如享有政府特殊贡献津贴的科技人员才是科技人才,持这种观点的人,对人才的概念有狭义化和精英化的理解,强调少数科技精英的作用,而忽视更重要的整个科技人才队伍在社会经济发展中的作用和规律;二是认为持有大学以上科技专业学历证书的人才是科技人才,持有这种观点的人是从专业和学历标准来划分科技人才,忽视了在实践工作中锻炼成长起来的科技人才;三是认为科技人才是科技人力资源,也是科技活动人员,甚至是科技研究开发(R&D)人员,持这种观点的人,在概念上把科技人力资源、科技活动人员和 R&D 人员混同起来,从而对科技人才产生与科技活动人员、甚至 R&D 人员相似的理解。

科技人才不是一成不变的概念,它随着时代的发展和社会的不同而不断改变着内涵和外延。《人才学辞典》对科技人才的定义为:"科学人才和技术人才的略语,是在社会科学技术劳动中,以自己较高的创造力,科学的探索精神,为科学技术发展和人类进步,做出较大贡献的人。"(刘茂才,1987)也有学者认为,科技人才是指具有一定专业知识和专门技能,在科学技术的创造、传播、应用和发展中做出积极贡献的人(汪群、汪应洛等,1999)。郑志刚(2005)认为,科技人才是指有品德和科技才能的人、有某种特殊科技特长的人,是掌握知识或生产工艺技能的人。科技人才包含了文化知识和职业技能两方面的资格条件。赵伟、包献华等学者(2013)认为,总体上,科技人才主要是指实际从事或有潜力从事系统性科学和技术知识的产生、促进、传播和应用活动的人。近年来,也有学者把科技人才定义为从事科技工作,拥有较多知识量或一定技能,具有积极创造力,且其绩效能对区域科技和经济可持续发展起到重要作用的社会群体(芮雪琴、李亚男、牛冲槐等,2015)。

美国科学委员会对科技人才的定义是:科技人才是指参与科技

研发活动的人员。我国科技统计的科学家和工程师是从事科技活动，具有大专以上学历或相当职称的人员。

（2）科技人力资源。1995 年经济合作和发展组织（OECD）与欧盟统计局（Eurostant）合作研究出版的"弗拉斯卡翟丛书"《科技人力资源手册》(*The Measurement of Scientific and Technological Activities, Manual on the Measurement of Human Resources Devoted to Science and Technology*)对科技人力资源的概念进行了讨论和定义："在理论上，科技人力资源指的是实际从事或有潜力从事系统性科学和技术知识的产生、促进、传播和应用活动的人力资源"。客观上，受过中等教育的人均可以从事科技活动，具有潜在从事科技活动的能力。《科技人力资源手册》对科技人力资源提出了基本定义，指出科技人力资源是满足下列条件之一的人：①完成大专文化程度教育或大专文化程度以上教育的劳动者，或按联合国教科文组织《国际教育标准分类法1997》(ISCED1997)的标准分类是完成第五层次或第五层次以上科技教育的劳动者；②虽然不具备上述正式资格，但从事通常需要上述资格的科技职业的人。参考《科技人力资源手册》，中国把科技人力资源定义如下：科技人力资源是指实际从事或有潜力从事系统性科学和技术知识的产生、发展、传播和应用活动的人力资源，既包括实际从事科技活动（或科技职业）的人员，也包括具有从事科技活动（或科技职业）潜能的人员。

（3）创新型人才。总体来看，有关 R&D 人员、科技活动人员、科技人才、科学家与工程师这些概念之间的相互关系，联合国教科文组织有一个界定（见图 2.1）。白色的部分指那些即使具备必要的先决条件但处于劳动力市场之外的人员（未就业或退休者）；深灰色的部分指所有经济部门雇佣的人员（在科技活动中任职的除外）；中灰色的部分表示实际从事科技活动的科技人才总数，其中浅灰色的部分是投入研究与实验发展活动的科技人才总数。

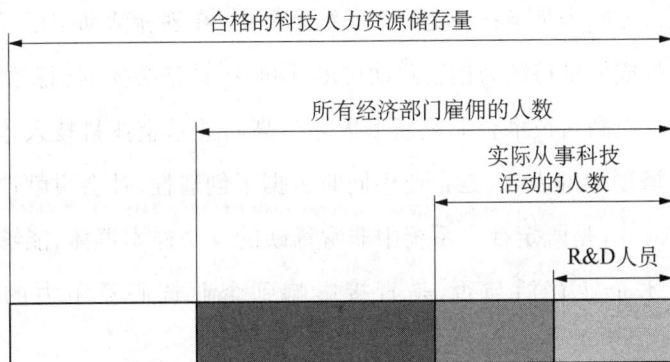

图 2.1 科技活动人员与 R&D 人员的区别

合格的科技人力资源储存量

所有经济部门雇佣的人数

实际从事科技
活动的人数

R&D人员

我国在20世纪80年代初明确提出了"创新型人才"和"创造型人才"的概念，并由此开始倡导培养创新型人才或创造型人才。1999年，教育部在国家技术创新大会上将高素质的创新型人才构成总结为6项内容，分别是创新意识与创新激情，实事求是、不怕困难的精神，扎实的知识基础和强烈的求知欲，发现、分析与解决问题的能力，市场引导下的成果转化能力，健全的体魄与团队精神、责任感。

从企业角度看，针对高层次科技人才的界定有自己的含义，比如北京江河幕墙公司①研发中心现有近20名资深学术带头人，该企业认为达到下面指标中的2~3项即可认定为学术带头人：从事幕墙技术或研发工作10年以上；独立主持过高、大、特、难的幕墙项目；具有本科以上的学历及高工的职称；行业标准的主要起草人，发表过多篇技术论文；获得多项发明专利等。而针对高新技术企业，有研究者认为，

① 该企业现有员工3 500多名，其中技术人员1 500多人。研发人员主要来自企业自己培养；根据开发项目的需要从公司各职能部门抽调人员组成项目开发部。充足的高素质人才是公司快速稳健发展的根本保证，2008年招聘了1 100多名大学生，经过培训后已补充到公司各职能部门。研发中心现有400多名研发人员，这些人员的培养主要采用人才本土化战略；拥有5年以上设计研发经验，独立主持过大型幕墙项目；大部分拥有中级以上职称；拥有双语沟通能力；中长期规划研发中心人员将达到600人。

创新型人才应当是指在特定社会系统条件下，在创新活动中已经取得了创新的成果且持续为创新活动付出，同时还具备必要的创新潜能特征的人。而高新技术企业创新型人才是高新技术企业科技人才中高踞金字塔顶端的人才，是企业中同时占据了创造性、社会贡献性和先进性的人才，是既定社会系统中非常稀缺的一个样本群体，能够决定高新技术企业存活与否，是直接影响到企业核心竞争力的人才集群。

本书中使用的企业高层次科技人才的概念，主要是采取了狭义的定义，即从事科学技术研究以及应用技术开发的人才。

2.1.2　研究方法：定量和定性相结合是趋势

国内外对科技人力资源的研究包括定量和定性研究两大方面。其中，定量的方法主要用于科技人力资源的测度、比较与预测、规划，为政策分析提供参考。定量研究的主要应用领域之一是对不同国家、不同性别、不同领域、不同时期进行比较分析。在《美国科学与工程指标》(*National Science Board Science & Engineering Indicators*)、《日本科学技术白皮书》(*Technology White Paper of Japan*)等文献中都进行了国际比较和不同领域、不同性别等可比性方面的比较。定量研究的主要运用领域之二是利用经济、数学模型对数据进行定量分析或预测推算。例如，美国科学技术专业人员委员会对科学、技术、工程、数学劳动力学位获得情况、就业状况（收入）进行了年度统计，及时反映动态变化，分析科技劳动力市场供给和需要状况。美国国家科学基金会积累并分析了大量数据和信息，还支持关于数据分析的方法论研究，《美国科学与工程指标》一书就是以此为基础。

定性研究方法更多地用于政策分析和相关的经验型研究。在研究文献中常用的定性研究方法包括系统分析方法、历史分析方法、会议讨论方法、资料分析方法等。如理查德·B.弗里曼的文章《科学与工程劳动力全球化会威胁到美国经济的领先地位吗?》便运用系统分析法分析了在全球化的政治经济环境中,大量移民对美国科技人力资源市场的挑战,还分析了科技人才供应量的变化对国家经济绩效产生的影响。王春法、姜江在《科技人才发展面临的问题域成因》中采用历史分析方法对我国科技人才发展作了历史回顾,分析了新中国成立后我国科技人力资源的历史演进过程和发展脉络,反映了不同历史时期科技人力资源的状况。美国科学技术委员会的《科学、技术、工程、数学(STEM)劳动数据项目报告白皮书 No. 1:1950—2000 年来的状况扫描》、美国国家科学基金会的《20 世纪博士学位获得者状况》都对不用时期科技领域教育与就业状况进行了统计分析,反映了不同历史阶段的变化趋势。

会议讨论方法则有利于研究观点的交流和沟通;问卷调查方法也是普遍采用的方法之一。中国科学技术协会(以下简称"中国科协")发布的《全国科技工作者状况调查报告》中问卷调查是研究的主要手段之一。美国国家科学基金会的《科学与工程专业毕业生调查报告》通过纸质与网络两种形式发布调查问卷来了解这些毕业生近期的状况。《日本科学技术白皮书》采用问卷方式调查了科技部门对科技人力资源的需要,结果几乎所有的行业都反映缺乏足够数量和质量的科技人力资源;心理分析方法在《科技人力资源手册》中被提出,该方法认为调查公众对科学技术的态度有助于了解、分析甚至干预那些影响人们接受科技教育、选择从事科技职业的相关心理因素。《美国科学与工程指标》调查公众对科学技术的态度和理解,发现美国公众对科技和政府的自主研究大多持强烈支持和肯定态度,也有因对道德问题的担心而持保留意见。另外,有关文献在探讨激励性政策时也用到了心理分析方法;资料分析在定性研究中也是非常重要的一个方法,可以说大部分科技人力资源研究都是建立在研究、借鉴其他研究文献基础上的。如斯坦福研究所系统整理与研究了自 1995 年以来与美国和其他国家,以及全球科技人才政策相关的所有重要文件、政策报告、研究报告以及相关论文等170余种文献,主要根据文献在国际国内科技人才政策讨论中的重要性与学术价值,于2002年8月提交了研究报告《国家科学与工程劳动力政策:文献分析与建议清单》。

通过对大量的文献资料的分析梳理可以看出,一般性的定量和定性研究方法对科技人力资源的研究同样适用。这些方法较为成熟,是科技人才资源有效的政策分析工具。因此,本书的研究综合运用了定量和定性两种方法,旨在分析得更加准确。

2.1.3　从产学研角度看人才结构研究

与人才结构相关的理论包括人才结构调整理论等。国外对人才结构调整理论的研究,通常从人力资源的重要性角度进行研究,对人才结构调整思路与方法的研究非常有限,极少能够被我国借鉴。总体来看,M. Suriya调查了信息技术对21个高中低收入国家的经济和人力资源开发的影响,通过回归分析进行了信息技术各因素对整个经济发展的相关度分析。Yiva Kjellberg、Magnus Soderstrom等调研了瑞典的人力资源开发,探讨了瑞典近年来的社会文化环境、经济现状、经济结构变化和人员雇佣情况及变化趋势。Florida Richard研究了人才经济地理,探讨了吸引人才的因素及对高科技产业和地区收入的影响。

我国学者对我国科技人才的部门、区域、行业、学科、年龄、层次分布结构进行了研究,指出了企业分布偏低、行业分布不合理、青黄不接等问题,特别是我国存在着高水平的科技将帅人才不足的问题。王通讯(2005)在《论人才强国战略之下的人才开发问题》一文中指出,中国的人才资源结构的一个突出问题就是战略领域的高层次人才严重不足,制约了科技创新能力的提升,这与不正确的人才观有关。郭世田(2012)从比较的视角分析,认为中国不管是在人力资源总量,还是研究开发人员总量、高等院校在校学生总量方面,均居世界前列。但是,如果以质量相比则不容乐观,与发达国家存在着很大的差距。与此同时,中国目前的创新型人才状况还不能完全满足在某些重点领域亟须创新的需求,最为突出的表现是:产业的高端人才、高水平的技术专家、高熟练度的专业技能人才非常匮乏。王瑞旭(2004)认为,在宏观层面,人才争夺并不是一件坏事,这有助于优化整个社会资源配置,实现人才和其他资源的最佳组合。人才争夺也有利于形成一种善待人才的良好社会氛围。他对人才争夺怎样影响人才供求的状况也进行了分析。吕宏芳(2011)认为,从内涵上看,产业的结构规模决定人才的结构规模,人才的技能专业水平是产业能否转型升级最重要的基础。在人才培养层面,霍影等人(2013)认为,人才结构的调整效率在很大程度上制约着产业结构转型和升级的发展水平。因此如何进行人才结构调整,如何匹配产业结构升级以及如何促进以上两种结构关系的协同发展就成为关乎我国产业经济在当前阶段转型效率和在未来阶段发展水平的关键问题。而影响人才结构调整效率的政策施力点,较大一部分来源于高校对于既定人才在技能属性、智力属性以及创新属性等方面的塑造和引导。因此,要从高校人才培养阶段入手,提升人才结构调整与产业结构升级的协同适配效率。在企业具体操作层面,针对人力需要预测和调控问题,朱瑜(2005)认为人力需要的原因主要包括五个时期:经营高速发展期;研究大力投入期;增加生产时期;增加新项目、新工作的时期;职位空缺时期。刘光辉(2006)认为,人才结构调整的模式具有代表性的主要有三种:第一种是计划配置,也成行政强制性配置,即依据有关职能行政部门制定的计划,按一定的比例分配劳动者,将人才配置到各部门和机构;第二种是市场配置,即通过市场机制,通过报酬杠杆调节人才供求关系,实现劳动者与各种组织的相关配合;第三种是计划与市场相结合的综合型配置,它是一定计划机制条件下的市场配置,或一定市场机制条件下的计划配置。从人才结构调整的依据来说,直接的依据是各种部门和行业的发展需要,即由社会发展各方面需要决定的,因此,人才结构的调整是否合理,其检验标准只能是看是否与社会需要相一致,是否实现了社会的协调可持续发展。同时赵益华(2013)认为,人才结构也是产业结构转化的重要基础,决定了产业结构转化的速度,也决定了产业结构的转化方向。配第—克拉克定理阐述了经济发展中就业人口在三次产业中分布结构的变化规律,产业结构与人才结构有一种"推动力—拉力"规律,合理的产业结构可以拉动人才结构的调整。

有学者认为,人才结构调整的内容大体包括以下五个方面:一是产业之间的调整;二是区域之间的调整;三是国内外之间的调整;四是城乡之间的调整;五是所有制之间的调整。各种所有制的存在和发展都需要一定的人才,而劳动者就业又总是同所在企业的所有制性质相联系,于是就产生了社会人才在所有制之间的配置。比如,国有企业职工、研究院所、高校、集体企业职工、三资企业员工等划分,就是指人才在所有制单位之间的配置。本书的研究基本就属于科技人才在所有制单位之间的调整和配置,重点则关注了企业中科技人才的激励状况。

2.1.4　创新理论与技术创新体系

"创新"(innovation)一词是由熊彼特(J. A. Schunpeter)在 1911年德文版的《经济发展理论》(*Theory of Economic Development*)一书中提出的。熊彼特在 1928 年首次提出了"创新是一个过程"的概念,并在 1939 年出版的《商业周期》(*Business Cycle*)一书中比较全面地提出了创新理论。熊彼特指出,创新的承担者只能是企业家,企业家看到了发明家的发明可能给他带来盈利的机会就会将发明引入市场,实现创新。创新研究前期的主要对象是发达国家的企业,但随着日本、

韩国(Amsden，1989)和亚洲四小龙的崛起,后发国家和地区的创新
问题也成为人们研究的热点。本书所研究的创新主要指技术创新,但
对制度创新、市场创新、组织创新等问题也有所涉及。

学者对技术创新的解释比较宽泛,不仅指对整个市场的创新,也
包括企业为新的产品和工艺的创新(Nelson，1993)。也就是说,不仅
指第一个创新者开创性的创新活动,也包括创新模仿者的创新活动。
Nelson采取这种宽松标准的原因在于:首先,在创新活动中领先者
(leader)与追随者(follower)之间的界线并不像想象中的那样清楚,
而且第一个创新者很少能够独占与创新有关的经济利益;其次,对创
新能力的兴趣常与对经济绩效的关心相联系,很显然,更宽泛的定义
更有实际意义(Nelson，1993)。学者们还用另外一对术语来讨论创
新:"激进创新"与"渐进创新"(Kaufmann & Todtling，2001)。

学者们对技术创新系统在宏观、中观和微观三个不同的层面上进
行了大量讨论(顾淑林,2006;吴贵生,2005;许庆瑞 2006;柳卸林,
2012;路风,2009;陈劲,2015;等),包括国家创新系统、地区创新系统、
产业/部门创新系统、企业创新系统等(Lundvall 等,2002;王春法,
2003)。对日本快速崛起的研究使费里曼提出了国家创新体系的概念
(Freeman，1987,见图 2.2),他总结了日本从模仿走向自主创新的道

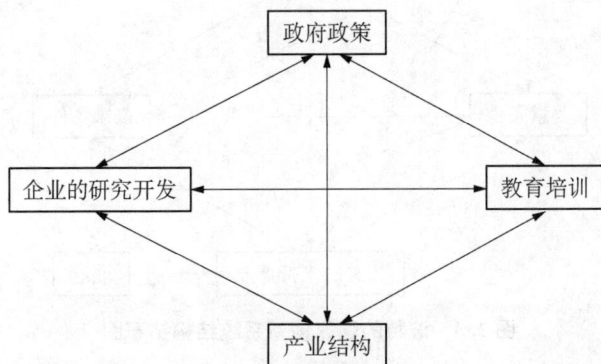

图 2.2 弗里曼的国家创新系统构成

路和日本的成功经验,包括强调通产省的作用,企业以车间为创新实验室,强调企业培训、终身就业和企业网络的社会创新,这些特点使日本在全球具有了自己独特的创新体系。之后,韩国的兴起,形成了新一轮赶超和创新研究热。Lee 和 Lim(2001)认为,在一些产业的技术发展可以预测、创新经常发生的领域,韩国实现了跨越和自主创新,如汽车、DRAM 产业等领域,而在家电等领域则没有取得成功。

哈佛大学波特(Michael Porter)教授的国家竞争力钻石理论被认为是国家创新系统的另一个学说。波特教授认为,解释一个国家产业竞争力的关键是该国能够有效地形成竞争性环境和推动创新。一个国家的优势取决于以下四个重要因素:①要素条件,如熟练劳动力的供给,基础设施状况;②需要条件,该国对产业产品和服务的需要;③相关的支持产业;④企业的战略与竞争状况(见图 2.3)。除四要素之外,对竞争力影响最大的是机遇,如战争、重大科学技术突破和国家的作用,如国家的规制的作用,对教育的投资可改变要素的供给条件。产业政策可影响产业的发展。

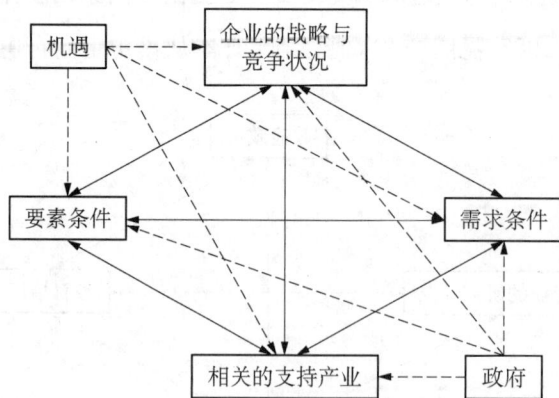

图 2.3　波特的国家创新系统结构钻石图

帕维特(Pavitt)在 1994 年所写的一些文章对国家创新系统的研

究做出了贡献①。帕维特把国家创新系统定义为"决定一个国家内技术学习的方向和速度的国家制度、激励结构和竞争力"(STI)(见图2.4)。激励是指在下列市场机制失灵的活动上的激励:①对基础研究和教育等市场机制失灵的方面,各国都已确立了政府资助的方式,但对市场机制失灵的另一个重要方面——面向企业的培训仍被忽视;②对创新之后的短期垄断利润的激励和来自模仿的竞争压力之间的平衡。

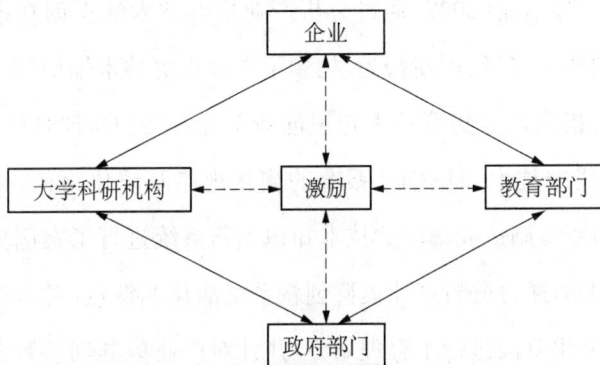

图 2.4　帕维特的国家创新系统结构

他认为,国家之间创新绩效的不同主要在于系统的实效和多样性,而系统的实效主要体现在:①激励的实效;②竞争能力的低效,如不能从技术进步中获益。系统的多样性表现在要素禀赋的不同,对技术投资机制的不同,关键技术的掌握和竞争机制的建立。

国内外在对创新体系的研究中,普遍得出的结论是企业应该成为创新的主体。尚勇(2006)认为,企业成为创新的主体主要体现在五个方面,即研发的主体、凝聚人才的主体、创造知识产权的主体、科技投入的主体以及管理创新的主体。他还强调我国企业要真正成为技术创新主体,关键是国有大企业率先成为技术创新的主体,而创新的成效和效率取决于有效的政府与企业的伙伴关系。路风(2006)认为,从

① OECD,Research Group of National Innovation Syetem,Internet Working Papres. 1997

世界各国发展的经验来看,各国的核心竞争力主要是通过企业体现出来的。美国的通用、微软,德国的大众、西门子,法国的雷诺、阿尔斯通,日本的丰田、索尼,韩国的现代、三星,正是这些国家技术创新能力的基本载体,甚至一定程度上成为这些国家的形象标志。为此他认为,要使企业成为研究开发投入的主体(人才投入是研发投入的核心部分)、技术创新活动的主体和创新成果应用的主体,应把研发和生产统一起来。郁培丽(2007)通过分析产业集群技术知识创新系统的知识构成、创新参与者、创新行为,构建了产业集群技术知识创新系统的结构模型,指出产业集群技术知识创新系统发展的阶段性特点,并揭示了产业集群技术知识创新系统的演化规律及演化路径;在此基础上,对沈阳装备制造业集群的技术知识创新系统进行了案例分析。陈理飞等(2008)通过分析产业集群创新系统演化的特点,对产业集群创新系统的演化阶段进行了合理划分,并针对产业集群创新系统演化的形成、发育和成长三个阶段的特征,分析了不同演化阶段产业集群创新系统主体的责任和行为规则。李锐、鞠晓峰(2009)从复杂系统理论角度说明了产业创新系统的自组织特性及自组织进化机制,并结合演化经济学理论和系统动力学研究方法,构建了产业创新系统自组织进化的动力模型,对模型的稳定性和演化趋势进行了分析,随后以我国通信产业进化发展为例进行了相关案例分析。张延禄等(2013)认为,以企业为主体的技术创新系统是当前关注和研究的热点。企业技术创新系统是指企业以创新构思、研究开发到产品投放、获取经济效益整个技术创新过程为核心,由各种相互联系、相互作用的要素组成的具有整体功能的复杂系统。基于环境相容理论,企业技术创新系统在"唯一不变的就是变化"的外部环境中,必须有效汲取环境中的有利资源,不断优化自身内部结构及行为方式,通过适应性变化来不断提升创新绩效。

2.2 人才集聚及影响因素研究

2.2.1 人才集聚研究的理论发展

早在 19 世纪 90 年代,英国经济学家马歇尔(Marshall)就提出人才集聚是一个点的问题而不是面的问题。马歇尔以后,西方理论界对人才集聚的研究根据集聚的机理可以划分为集聚的经济结构和因素结构分析。其中,在人才集聚的经济结构分析方面主要包括保罗·克鲁格曼(Paul Krugman,1991)和艾伦·斯科特(Allen Scott,1988),他们从不同角度解释了人才集聚的初始诱因。在人才集聚的因素结构分析方面,泰勒(Taylor,1980)区别了五种人才集聚的推动力,认为"人才集聚能够培育产业、企业家能力和有利的商业环境,进而进一步促进人才集聚"。

集聚这个概念借用了产业集聚中的概念,主要是指人才作为一种核心要素在空间上或者在某一种单位类型上的集中,大量的集中形成了集聚,而由此产生的集聚效应则是由于人才在某一点的集中所形成的一种优势,即成本优势(胡蓓,2009)。王奋(2008)认为,在理论上关于集聚的研究主要集中于产业的集聚或经济的集聚,人力资源集聚一方面是产业集聚的效应之一,或者说是衡量产业集聚效果的指标之一;另一方面又是产业集聚的要素或者说是条件之一。杨芝(2012)指出,科技人才集聚是一个动态过程,某一地区的人才资源可能由于受到物质利益驱动、环境等因素的影响而向其他地区流动,使一些地区率先成为人才集聚高地,促进经济持续增长,进而加速当地的人才集聚,形成良性的路径依赖。姜金栋(2014)对企业科技人才集聚作了如下界定:首先,从一般意义上讲,企业科技人才集聚是指在一定的时间里,不同地区和组织的人才资源由于市场自由配置和内外部因素的共同导向作用向特定企业流动的过程和现象；其次，企业科技人才集聚可以分为三大模块，即人才吸引、人才配置和人才发展，三大模块各自不同的作用和目标共同构成了企业科技人才集聚的动态均衡过程。斯科特（Scott）曾提出交易成本和信息成本是解释纵向人才集聚的理论基础。库朗（Curan）与布莱克本（Blackburn）认为地方经济的死亡可能是由于地方联系的降低、信息成本和交易成本的高昂及人才的流失和扩散造成的。人才集聚的研究往往与地区经济发展紧密结合，而企业作为人才集聚的基本单位，很少被作为人才集聚理论的研究对象进行讨论。张体勤（2007）等将组织的人才集聚效应分为内部效应、外部效应和负效应，从学习效应、竞争效应、协作效应、引致效应等方面论证了人才集聚对组织的各种影响。

孙健等人（2007）认为，企业科技人才集聚理论之所以没有得到较大发展，主要是因为其与人力资源管理理论的相似性而导致的；企业科技人才集聚是企业人力资源管理发展的新阶段，它不再局限于传统的人力资源观念简单地将提供企业发展所需的人才及发掘人才潜能作为目的，而是将重心放在人才的集中与汇集上，通过人才集聚，实现人才机制，发挥集聚效应。他们还提出企业的人才集聚包括人才获取、人才保留和人才治理三个部分，并建立了企业科技人才的集聚模式（见图 2.5）。

国内对人才集聚力的研究是从人才吸引力、人才环境转变过来的。人才吸引力是指某一区域经济社会等环境对人才流入该地区的吸引力。竹俊、卢春阳（2003），宋鸿、陈晓玲（2006），张珍花、查奇芬（2002），胡蓓（2009），王艳龙（2012）等分别对人才吸引力进行了研究。人才环境是指一个由政治环境、自然环境、经济环境、人文环境、生态环境、创业环境及社会保障状况等构成的有机整体，其优劣直接影响着一个区域对人才的争夺。查奇芬（2002），王顺（2004），徐佳永、陈聪

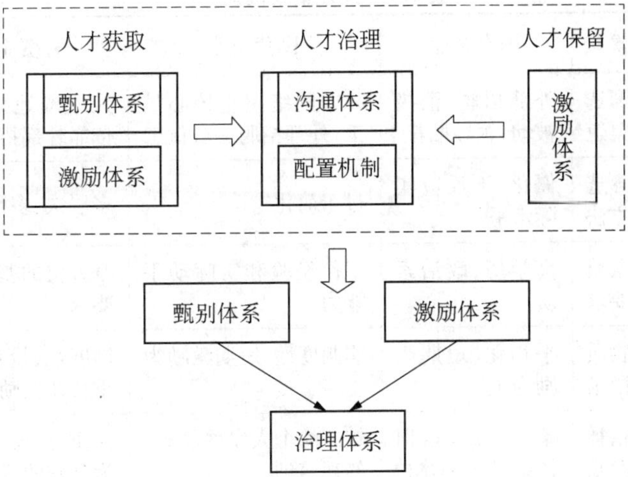

图 2.5 企业科技人才集聚模式

诚(2007),傅端香(2011),张樨樨、韩秀元(2013)等都对人才环境有一定的研究。人才集聚力的概念是从上述两个概念中发展出来的,指一个地区集聚人才的能力。

2.2.2 从企业发展角度分析人才集聚

从生态学系统理论的角度,贺继红和杜恒波(2006)分析了人才集聚的原因,他们将人才集聚的原因分为生物生态因子和非生物生态因子两类。非生物生态因子包括企业文化、薪酬福利制度、教育培训制度等,生物生态因子包括企业家、人力资源供求状况等。这些因子相互影响、相互制约,共同决定了企业人力资源生态的优劣;而企业人力资源生态的优劣决定了企业对人才的吸引力和凝聚力,即企业的人才集聚能力。

从不同企业所有制的角度,孙健、徐辉等人(2006)通过比较国有、民营、外资企业科技人才集聚的不同模式,分析了不同的企业性质对人才集聚的不同影响(见表 2.1)。

表 2.1 人才集聚模式对比

维度	模式	国有企业	民营企业	外资企业
人才甄选	甄选渠道	外部招聘、消极被动、领导推荐	私人网络招聘核心员工,外部招聘一般员工	人才本地化,前期依靠外部招聘
	甄选方法	僵化、不反应实际水平	过于简化	多层次、多角度
	素质要求	高学历、政治素质	工作经验和实际动手能力	全方位的基础素质要求
人才激励	物质激励	平均化、短期激励为主	非制度性,短期激励为主	制度性、量化考核,重长期激励
	精神激励	荣誉激励,培训体系僵化,官本位	较高的个人发展前景,忽视培训	注重培训,以能力为基础的晋升机制
人才治理	沟通机制	基于金字塔组织结构,缺乏沟通	基于直线职能组织结构和资源限制,缺乏沟通	基于矩阵式组织结构,全面沟通
	人才配置	论资排辈,专业岗位结合度低	结构失调,人才错位	基于能力和潜力的科学规划与配置

资料来源:孙健等(2007)。

从企业内部的文化角度,夏兆敢和王良训(2007)论述了企业文化对人才集聚的影响。他们认为"人文化"是知识经济下企业文化建设的指导思想;企业文化具有凝聚功能;"以人为本"的企业文化是产生人才集聚效应的重要因素。

在企业内部激励环境方面,宋亦平(2007)认为,起到直接作用的是内部人才薪酬和保障政策。但在科技奖励体系中,成果奖和人物奖所占比例需要进一步调整,尤其在奖项设置方面,缺乏专门针对企业的奖项。目前,我国企业只有少数设立了企业内部的奖项,企业外部的奖项很少;而发达国家则非常重视企业外部的奖项,很多奖项来自基金等。为此,我国应进一步深化改革,使企业奖的设立有一个良好的政策环境。姜金栋(2014)基于双因素理论的分析视角,提出在企业科技人才集聚的动态过程中,需要有激励因素和保健因素的嵌入。影响企业科技人才集聚的保健因素,是企业科技人才集聚的前提条件和基础。激励因素的满足则是激发人才向企业集聚的关键和核心。

从企业发展的区域环境看,企业科技人才集聚有路径依赖作用。克鲁格曼(1991)指出,由于历史与偶然因素,某公司在某地干起,在这个地方便产生了对劳动力有巨大吸引力的就业机会、发展机会和较高的劳动力要素报酬,而随后由于路径依赖和累积因果效应,劳动市场共享造成了企业和人才的集聚。

从科技人才集聚效应的评价角度看,张同全(2008)认为,科学评价人才集聚效应是正确选择人才开发战略的前提,人才集聚效应是多个评价指标与影响因素的综合函数。他从集聚规模、人才结构、人才流动、人才成长、虚拟人才、人才使用、人才创新、人才联动,人才吸引力、人才满意度十个方面,构建了一套评价人才集聚效应的指标体系(见表2.2),对各产业集聚区的人才开发具有指导意义。李乃文、李

表 2.2　人才集聚效应的评价指标体系

评价 一级指标	评价二级指标	评价 一级指标	评价二级指标
集聚规模	各类人才数量	人才使用	就业率
人才结构	人才专业结构		适岗率
	人才年龄结构	人才联动	合作项目的数量与质量
	人才产业结构		合作机构的数量与质量
人才流动	人才流入量	人才创新	新生产方式
	人才流失量		新产品投入
	人才净流入量		新专利
人才成长	学历提升		科技论文
	职位提升	人才吸引力	薪酬水平
	职称提升		人才生态环境
	技能提升	人才满意度	
虚拟人才	外聘人才数量	其他影响因素	
	外聘人才质量		

方正(2012)指出,创新型科技人才集聚效应是多个评价指标及其他影响因素综合作用的结果,并从人才数量、人才结构和创新的软硬环境对创新型科技人才的集聚效应做出了评价。

2.2.3 从产业角度分析人才集聚

经济学理论从产业角度分析人才聚集可以追溯到 17 世纪。英国经济学家威廉·配第(William Petty)在《政治算术》(*Political Arithmetic*)一书中描述了不同产业之间存在的收入差异,并将这种差异与劳动力就业结构联系起来,他发现"工业的收益比农业多得多,而商业的收益又比工业多得多",认为产业之间的收益差异会推动劳动力由低收入产业向能获得高收入的产业流动。产业发展的重心也将逐渐由有形财物的生产转向无形的服务生产,农业人口会逐渐转向工商业。该理论研究的是产业结构演变的规律,是将不断提高的人均国民收入水平置于时间序列下考察产业结构的演进,考察经济发展过程中劳动力在各产业中的分布,采用并发展了费舍的三次产业分类法,得出了一个结论:随着经济发展,劳动力首先由第一产业向第二产业转移;当人均国民收入水平进一步提高时,劳动力又向第三产业转移。这个转移是由经济发展过程中各产业之间出现的收入(附加价值)相对差异所造成的。

20 世纪 40 年代,克拉克(Clark)在其《经济进步的条件》(*The Conditions of Economic Progress*)一书中对配第的观点进行了实证并形成了"配第—克拉克定律"。他把整个国民经济划分为第一产业(农业)、第二产业(制造业)和第三产业(服务业)三个主要部门,通过对 40 多个国家的横截面和时间序列数据进行统计分析,研究了经济发展与产业结构变化之间的关系。他发现在实践中,人均国民收入水平越高的国家,农业劳动力在全部劳动力中所占的比例相对来说就越小,而第二、三产业中劳动力所占的比例相对来说就越大;反之,人均国民收入水平越低的国家,农业劳动力所占比例相对越大,而第二、三产业劳动力所占的比例相对越小。在此基础上,他得出了产业结构演进的规律性结论,认为不同产业间相对收入的差异,会促使劳动力向能够获得更高收入的部门移动。随着人均国民收入水平的提高,劳动力首先由第一产业向第二产业转移,当人均国民收入水平进一步提高后,劳动力又会由第二产业向第三产业转移。最终来看,从事农业的人数相对于从事制造业的人数趋于下降,而从事制造业的人数相对于从事服务业的人数趋于下降,劳动力在产业间的分布会呈现出第一产业人数减少、第二产业和第三产业人数增加的格局。

在"配第—克拉克定律"的基础上,库兹涅兹(Kuznets)收集整理了 20 多个国家更长时间的庞大数据,进一步从国民收入方面就经济结构变革与经济发展的关系对欧美主要国家长期统计数据进行了分析,考察了总产值变动和就业人口结构变动的规律,揭示了产业结构的演进方向。他运用统计分析的方法,把国民收入和劳动力在各产业之间的分布结合起来,从国民收入和劳动力在产业间的分布这两个方面,对伴随经济发展的产业结构变化进行了分析研究,包括各产业相对生产率的变动趋势,认为产业结构的变动会受国民生产总值和人均国民收入变动的影响。在国民生产总值不断增长和按人口平均国民收入不断提高的情况下,各产业不论是产值结构,还是劳动力结构都会发生变化,即农业部门产值份额和劳动力份额趋于下降,工业部门和服务业部门产值份额和劳动力份额趋于上升。

经典理论为我们认识产业结构变迁、转型与升级过程中的人口变化情况提供了一个宏观的视角,而从国内研究的情况来看,一些学者围绕产业与人才集聚进行了具体的分析。例如,李刚和牛芳(2005)从产业集聚的角度分析人才集聚,认为人才聚集效应产生的前提条件是:①人才交易成本降低;②信息成本降低;③科研教育水平提高;④人才聚集效应反馈作用。张西奎(2006)通过实证探讨了产业集群对人才集聚的影响,其实证的结果表明,集群微观人力资源管理环境、集群中观人才成长环境、集群配套设施、集群宏观人才成长支持政策、集群文化等对人才集聚有重要影响。张西奎和胡蓓进一步研究产业集群人才集聚原因,认为人才的生产要素性质是人才集聚的内在原因,而较高的纯利益是人才集聚的外在原因,产业集群提供了大量工作机会、较高的收入和较好的人才成长性。

周均旭、胡蓓、张西奎(2009)对武汉、北京、苏州和东莞四地的高科技产业集群进行了实地调研。定量研究发现:区域宏观、集群中观和企业微观层面的八个因素共同影响着高科技产业集群的人才吸引力:这八个因素由内而外逐渐减弱,可以分为核心引力层、引力增强层和引力扩散层;无论是微观层,还是中观层、宏观层,未来的成长与发展都是吸引人才最核心的关键因素,并对高科技产业集群的人才吸引力做了分析,得出了相关影响因素(见表 2.3)。

表 2.3　高科技产业集群人才吸引力的影响因素

因素	指标	因素	指标
区域竞争力	人才本体竞争力	区域人才政策环境	户籍政策
	企业本体竞争力		人事代理政策
	生活环境竞争力		优秀人才奖励政策
	商务环境竞争力		创业资助政策
区域文化环境	重商意识		研究资助政策
	诚信协作意识		出国手续政策
	辛劳精神	集群经济实力	集群行业性质
	创新意识		就业人员质量与数量
	居住条件		集群内外企数目
	交通条件		集群进出口业务量

（续表）

因素	指标	因素	指标
区域生活环境	休闲娱乐条件	集群成长空间	成长与发展机会
	饮食条件		工作成就感
	治安环境		实践机会
	购物环境		工作挑战性
企业人力资源管理	薪酬制度		职务晋升机会
	培训制度		薪酬提高机会
	绩效管理制度		
	用人机制		
	管理团队		

资料来源：周均旭，胡蓓，张西奎.高科技产业集群人才吸引影响因素的分层研究[J].科技进步与对策,2009.

胡蓓等（2009）针对产业集群人才吸引力影响因素做了研究，构建了产业集群人才吸引力影响因素的多层次模型（图2.6），还对产业集群人才吸引力影响因素指标体系做了研究（表2.4）。该模型表明了产

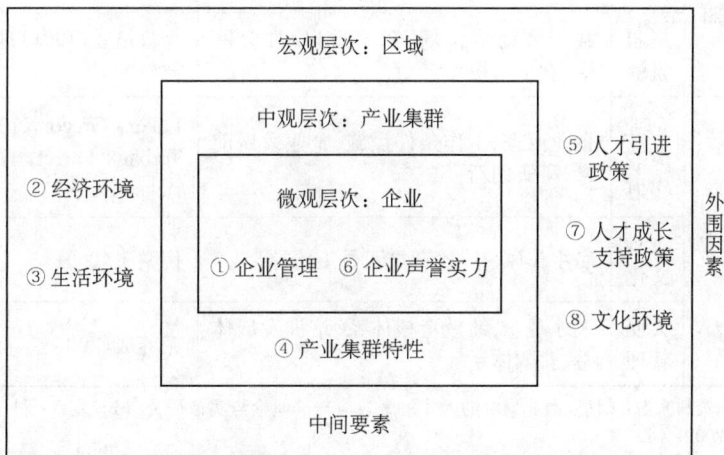

图 2.6 产业集群人才吸引力影响因素的多层次模型

（图中序号按因子的方差贡献率排序）

资料来源：胡蓓.产业集群的人才集聚效应——理论与实证研究[M].北京：科学出版社,2009：52.

业集群人才吸引力受到多层次多因素的影响,但各层次因素影响作用
的大小交错出现,并非简单的分层作用。以产业集群特性为界,企业
管理、经济环境和生活环境,无论是在组织吸引力研究,还是在人才流
动、人口迁移理论中,都属于关键的影响因素。

表 2.4　产业集群人才吸引力影响因素指标体系

3个层次	9个因子	41 个指标	主要参考文献
区域	经济环境	地理区位、经济发展水平、企业经营环境、人才市场环境	王崇曦,胡蓓(2007);王顺(2004)
	生活环境	居住条件、交通条件、饮食条件、休闲娱乐设施、治安环境、文化教育设施、子女教育条件、医疗卫生设施	查奇芬(2002);马进(2003)
	文化环境	价值取向、交往操守、创业精神、创新氛围	倪鹏飞(2001);王顺(2004)
	政策环境	户籍政策、人事代理制度、优秀人才奖励、创业资助、科研资助、出国审批手续、社会保障政策	查奇芬(2002);马进(2003)
集群	集群实力	集群规模、集群品牌、行业潜力	蔡宁,吴结兵(2002)
	集群氛围	共享劳动力市场、知识溢出、社会网络、竞争与协作	克鲁格曼(1991);孙建波(2006)
企业	企业声誉实力	企业声誉、工作条件设施、企业发展前景、科研创新	Laker,Gregory(1989);Turban,Forret,Hendrickson(1998)
	企业文化	雇主作风、企业家欲望、员工精神	倪鹏飞(2001)
	人员管理	人才观念、绩效考核体系、培训发展体系、薪酬体系	王养成(2006)

资料来源:胡蓓.产业集群的人才集聚效应——理论与实证研究[M].北京:科学出版社,2009:46.

有关政策作为外部影响因素,相关研究相对较少。胡蓓等(2009)
研究发现:生活环境对人才的吸引力产生了重要的直接影响,在区域
层面它甚至比经济环境和人才政策的直接影响更显著;区域的人才引

进政策对人才吸引力度的直接影响很小,但它不仅通过影响产业集群特性,还通过影响企业管理和企业声誉实力,从而间接影响人才吸引力;人才成长支持政策对人才吸引力产生了直接影响,而且它对产业集群特性和企业管理也产生了影响。

赵祥宇(2003)着重论证了产业集聚与人才集聚之间的关系,认为产业集聚能够引致人才以及专业知识与信息的集聚。因为产业的集聚可以降低人们的搜寻成本,同时也意味着更多的机遇和较低的流动风险,人才为此所付出的交易成本也大为降低,从而引致各类人才的集聚。

张西奎、胡蓓(2007)研究认为,强化产业集群的人才集聚效应应从人才、企业、政府三个主体入手,充分考虑文化的影响,并构建了产业集群人才集聚模型(见图2.7)。从区域角度分析人才集聚更多的是指人才的区域集聚。

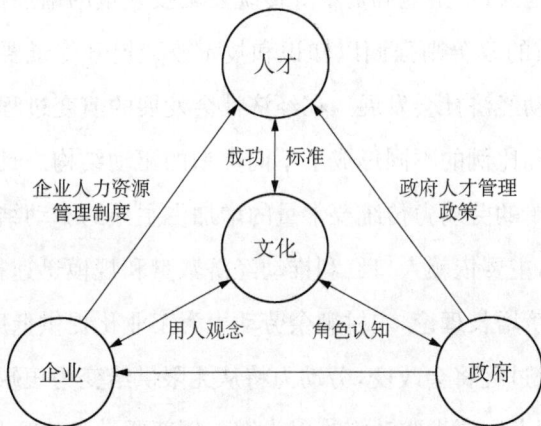

图 2.7　产业集群人才集聚模型

张樨樨(2012)从经济学的视角分析了产业集聚与人才集聚的关系,认为在产业集聚过程中,产业结构发生了相应的变化,并通过工资等信号引发人才的集聚和人才结构的调整。于斌斌(2012)通过对产业集群与高端人才集聚互动效应的分析,指出产业集群对高端人才聚集具有正向效应,即磁场效应、根植效应、激励效应、群体效应和自强效应。并基于推拉理论,指出高端人才的集聚是两种力量相互博弈共同作用的结果,其中,产业集群对高端人才的拉力因素,包括更多的就业机会、更高的薪酬期望、更大的成长空间、更优的人才环境和区域产业品牌等。詹晖、吕康银(2015)基于成本收益理论以及人口迁移中的推拉理论等,对产业集群作用下的人才集聚现象进行了分析,并进一步阐述了产业集群内的产业链与人才链的耦合效应,以及产业集群生命周期阶段人才集聚的演化过程,得出在产业集群的外部经济效应和知识溢出效应等自身诸多特征的作用下人才集聚得以实现。

2.2.4 从创新角度分析人才集聚

从创新角度分析人才集聚首先要理解创新发展模式对人才的需要。通常而言,经济社会发展的驱动力来自量和质两个方面。其中量的增加主要是人口、土地和资本等传统要素投入量的增加推动经济社会发展,而质的改善则强调以知识和技术改造提升传统要素,以创新要素提升推动经济社会发展。在经济社会发展的演变过程中,两种驱动力的数量和比例的不同形成了不同类型的驱动结构。具体来看,要素驱动是简单的劳动力传统要素量的增加占主导的驱动结构,对发展中国家而言,主要依赖人口红利推动经济数量和规模迅速扩张。但按照刘易斯经济增长理论,农村剩余劳动力为工业化提供低廉的劳动力供给,但这个过程将会改变,劳动力将从无限供给变为短缺,出现所谓的"刘易斯拐点",要素驱动将难以为继。创新驱动的概念最早是由美国学者迈克尔·波特(2002)在《国家竞争优势》(*The Competitive Advantage of Nations*)中提出来的,实质上是经济增长动力结构由资源、投资等要素向无形的知识、创新和人力资本等高级要素转换的过程。创新驱动更多依靠知识资本、人力资本和激励创新制度等无形要素,实现要素的新组合,创新型人才的作用更为突出。

　　同时,从创新角度分析人才集聚,主要是从企业技术创新角度,关于人力资本尤其是人才与技术创新关系的研究不乏其人,他们的研究主要集中在创新人才的培养方面,但关于技术创新与人才集聚之间关系的研究在国内还比较少。王锐兰、刘思峰(2006)认为,创新人才的区域集聚使创新活动的社会化协作成为可能,使得同样的知识、技术、人力因此而改变空间分布,产生更大的能量,降低了创新风险。邱艾超(2007)研究了知识型组织中的人才集聚,认为人才集聚促进知识型员工人才价值的实现,保证组织形成持续创新能力,使组织与集聚地形成共同发展的良性循环。杨明海、李倩倩、袁洪娟(2015)认为,技术进步与产业结构升级促使高层次科技创新人才在频繁流动中呈现出集聚态势,进而形成科技创新人才的集聚效应。人才集聚应是创新成果的集聚,创新的最直接成果如专利、获奖等是评价人才集聚效应的重点。

　　目前部分学者针对技术创新与人才集聚之间的关系进行了研究。胡瑞卿(2007)从微观的角度对科技人才流动与一个地区或单位的技术创新水平之间的关系进行了研究,认为科技人才流动犹如一把双刃剑,既有正面作用,又有负面影响。合理的科技人才流动,有利于社会经济的协调发展。姚蓉、严良(2002)认为,合理的科技人才流动是不可缺少的。在人才流动过程中,科技人才能够通过交流、学习,不断完善知识构成与科技创新能力。曹丁(2008)认为,科技人才的集聚有利于一个区域的科技创新水平,他从科技人才的流动、聚集的视角分析了未来我国科技人才的区域均衡。牛冲槐(2007)对科技型人才集聚效应进行了分析,他指出,科技型人才的集聚对推动我国科技进步,增强自主创新能力、提高综合国力有着举足轻重的影响。芮雪琴、李环耐、牛冲槐、任耀(2014)基于2001—2010年省际面板数据,对科技人才聚集和创新能力进行了度量,对科技人才聚集的规模、效应与区域创新能力进行了协整检验、格兰杰因果检验及脉冲分析。研究结果表明：科技创新能力提升可以促进科技人才聚集规模扩大，而仅通过科技人才聚集不能达到提升区域创新能力的目的，应该在科技人才聚集的基础上，通过提升区域科技人才聚集效应，提升区域科技创新能力。

2.2.5　从环境因素分析人才集聚

在人才环境方面，孙健、邵秀娟、纪建悦等人（2004）强调了环境的作用，但这个环境和朱杏珍提出的环境因素不同，指的是营造各种人才需要的环境。他们认为战后经济发展较快的国家和地区，都是走以人才集聚为依托的经济发展道路，并总结了这些国家地区人才集聚的成功经验：第一，知识经济时代产业结构的重大调整。第二，巩固基础教育，积极投资高等教育事业。教育无疑是实现人才集聚、经济发展的基础因素。第三，科技财力资源和科技人力资源的合理配置。为了实现人才集聚，各新兴工业化国家和地区都增加了对科研的投资。第四，实施人才回流政策。牛冲槐、江海洋和王聪（2007）强调，制度环境是人才聚集环境的重要组成部分，它对科技型人才聚集效应的影响是全面而深刻的，科技型人才聚集效应的产生与提升都直接受到制度环境的制约；牛冲槐等人（2006）把影响科技型人才聚集的环境因素主要概括为制度环境、经济环境、市场环境、社会环境、科技环境和文化环境等。牛冲槐、唐朝永和芮雪琴（2007）从经济环境进行分析，认为经济环境是科技型人才聚集效应的环境系统诸要素中最关键的环节，起着基础性和根本性的作用。傅端香（2011 年）提出人才聚集环境包括外部环境和内部环境，外部环境又包括政府政策和市场环境两个方面，而对于内部环境，傅端香认为应当加强硬件设施建设，营造良好的人才工作环境和技术开发环境。张樨樨、韩秀元（2013）指出高新技术产业人才的良性集聚离不开人才环境的引致与涵养，还构建了涉及产业、科研、经济、教育和生活五大关键因素的人才环境立体性评价体系和指标权重,开辟了高新技术产业人才环境综合评价的崭新思路,为各地区提升该类人才集聚力指明了方向。

综上所述,外国学者研究重点是同一类型人才的集聚原因,他们往往以企业或者行业为主要研究对象,而不同类型人才的集聚原因研究主要集中于国际人才的集聚诱因,而国家内部区域层面则较少涉及。国内的相关研究从国际人才集聚研究开始,分别从个人、企业、产业等角度出发研究,但企业高层次科技人才吸引力影响因素的研究少有涉猎,缺乏有针对性的定量分析和实证研究。本书将从这方面入手进行分析,力求有一定的创新。

2.2.6 人才激励与人才集聚

激励理论的研究非常广泛,就激励理论自身而言,很多学者对激励理论的发展过程和趋势进行了分析(王家龙,2005;陈光军,2005;李德州,2005;詹秋月,2007;王雅楠,2007),他们都认为 20 世纪初期以来,西方对激励理论的研究经历了一个历史演进过程,形成了各种激励约束机制模型和各种行为主义激励理论。近几十年来,现代管理学科一直把激励问题作为研究的重要领域。随着经济全球化和信息技术的进步,特别是随着多学科的介入和研究方法、工具的丰富,激励理论目前正处于由管理学、心理学的研究向经济学等多学科研究转变的过程中,具有系统性、多样性、科学性和可操作性等特点。

孙源江[1](2008)认为,目前国内外激励理论的研究出现了以下趋势:一是学科的交叉综合使激励理论得到进一步拓展,应用范围也有所增加;二是激励向数量分析倾斜;三是长期激励计划特别是股票期权成为热点问题;四是群体激励、跨文化激励成为激励理论的热点问题;五是薪酬激励研究成为激励理论研究的新动向;六是约束机制研

---

[1] 孙源江.述评激励理论的发展趋势[J].商业文化月刊,2008,(2):80;86.

究成为激励理论研究的新课题。激励和约束是科学激励机制内在不可分割的有机组成部分,仅有激励没有约束的激励手段是缺乏效率的。因此,如何把两者有机结合起来是人们争相研究的课题。

羊爱军、白杨青(2009)提出了国内外激励理论研究的新趋势,分别是:基于团队生产的激励模式研究、基于企业文化的激励模式研究、基于约束机制的激励模式研究和基于人力资源证券化的激励模式研究和基于学习型组织的激励模式研究。

王泽娇(2014)从经济学、行为主义、理论综合三个角度对激励理论发展历程进行了总结评述,并提出激励理论的研究历程呈以下四个特征:第一,研究方法由定性描述趋于定量分析;第二,研究的内容由片面转向多方面综合;第三,研究对象从个体激励转向团队激励;第四,研究领域越来越广泛。基于此,本书对未来激励理论发展趋势进行了预测,包括基于扁平化组织中的员工激励模式研究、基于柔性管理的柔性激励研究、基于团队管理的团队激励研究、基于自我实现基础上的员工授权研究。

激励理论的应用领域很多,目前国内外针对激励理论在人力资源方面的应用研究主要针对不同机构和组织的人才及人力资源的状况进行研究。

2.2.6.1　针对不同组织的人才进行激励

关于激励理论在人力资源管理中的实践研究主要体现在事业单位员工的激励、企业创新人才的激励、不同年龄段员工的激励、不同层次知识型员工的激励以及相关研究。赵永建、赵恒泰(2006)在《激励的理论与实践——论我国企业激励的理论、机制与方法》中运用社会心理和组织行为学科的基本理论——激励、激励理论、激励机制等,针对现阶段的国情和企业特点,学习、吸收、借鉴国外的成功经验,建立我国的激励机制,提出了充分调动企业员工工作积极性,增强企业的活力,促进其蓬勃发展的具体措施与方法。在针对中国企业激励机制的研究中,我国一些大型企业在实践中取得了较好的经验,比如,宝钢总结出了五大激励法[①],现任华信惠悦咨询公司大中华区总裁暨资深首席顾问黄世发先生在 2005 年提出来的针对我国小型企业(含民营企业)的"三步激励法"[②]等。这种激励机制对于小型企业如何建立管理体制、有效落实营运策略、增强竞争优势极有价值。

杨丽(2005)探讨了激励理论与人的需要,认为随着社会的进步,人的需要呈现出前所未有的复杂性。马克思曾指出,人的需要即人的本性,为了对现时人的需要有更进一步的认识,就必须在人性是物质性与社会性的统一前提下来分析人的需要,对旧的激励理论进行创新。

黄潇潇(2006)针对事业单位员工的激励理论进行探析,分析了事业单位员工的特点,并在此基础上提出了员工激励原则及方法。王牟(2009)探讨了激励对员工工作的影响,并强调运用需要层次理论以人的需要层次来划分人们的不同需要,双因素理论以保健因素和激励因

---

① 宝钢是我国的特大型国营钢铁企业,通过学习与实践,在改革中总结出五大激励法,包括主体激励、关怀激励、荣誉激励、榜样激励和支持激励。这五大激励机制的理论基础是综合型激励理论,它包括与提高工作条件有关因素的外在激励,如高工资、晋升、和谐的关系和好的工作环境等,也包括由工作内容本身的有关因素产生的内在激励,如成就感、责任感和能力等。上述新模式是以"努力→成绩→报酬→满意"这一链条为基础,形成一个完整的体系。其中的自主管理、支持激励能满足员工自我实现和成就需要,从工作中成长、发展,在丰富性、自主性方面为员工提供了任务内在激励;在主体激励、荣誉激励、关怀激励中,既包括了绩效与奖酬挂钩的任务结果激励,又突出了任务完成激励,绩效本身的重要性,而不只是为得到报酬,这就大大提高了激励力量的强度。

② "三步激励法"一般分为:①首先给企业树立一个外部榜样供自己学习,迅速建立起自身的管理体系,比如观察它的组织制度、工作流程和运营方式等;②在企业改制和建制的过程中,各部门要积极配合人力资源部,共同参与制度的制定。因为企业建立规章制度不是一个部门的事,还必须发动、鼓励其他业务人员和所有部门都来积极参与建制过程,集思广益,只有这样才能使新制度不会因脱离实际而难于执行,并使新制度发挥更大的积极作用;③在制度的订立及实施过程中,与上下左右随时沟通更是十分必要的。因为认识的一致靠沟通,行动的一致靠沟通,员工的激励和绩效的取得同样还是靠沟通,这就是"激励性沟通"的广泛意义与巨大作用。所以任何一项新制度的建立与实施都必须得到各管理层和全体员工的一致认同与支持,否则不但新制度会无人问津,流于形式,且对整个企业的运营也会产生消极的影响。

素的划分来分析人们的需要,这两种理论之间相互联系,一个针对人的需要和动机,一个针对满足这些需要的目标和诱因,两者结合起来运用才能够更好、更有效地激励人们。

李治买(2007)认为激励理论在创新企业科技人才培养模式方面有所作为,强调企业要把个人需要和组织目标进行统一,企业的任务是进行制度设计,在制度中体现合适的激励政策,把人的潜能最大限度地发挥出来。翟青(2010)提出要使企业和人员愿意为创新而投入,强而有效的激励是必不可少的,技术创新激励旨在研究提高企业及其技术部门进行技术创新的积极性。此外,本书还讨论博弈论及委托—代理模型在技术创新激励上的应用趋势。

何凤秋、常虹(2011)通过对我国高层次人才激励机制存在的问题及原因进行认真分析后,提出了高层次人才激励须转变观念,科学激励以及构建多层次、多元化、多因素的立体激励机制等积极可行的政策建议。

对于激励本身的分类,大多数学者认为激励分为物质激励和精神激励两种。也有学者持不同看法,胡毓娟、蔡东澄等(2008)对我国不同特征群体知识性员工激励结论因素异同进行了实证分析,结论是:业务成就、个人成长、工作环境、薪酬福利是我国知识型员工四个主要的激励因素。其中,高级知识型员工更加看重"业务成就"激励,中级知识型员工更加看重"工作环境"激励,初级知识型员工更加看重"薪酬福利"激励;对青年知识型员工而言,"薪酬福利"和"个人成长"的因素激励作用更加强烈,而对中年知识型员工而言,"薪酬福利"的激励作用更大。为此,可根据激励的性质不同,把激励分为四类,分别为成就激励、能力激励、环境激励和物质激励。股权激励有三种重要形式:股票期权、员工持股、利润共享。张乐才(2007)在《宁波市科技人才激励应处理好的几个主要关系》一文中指出,宁波市科技人才激励应处理好六个主要关系,即激励和约束的关系、物质激励和精神激励的关系、长期激励和短期激励的关系、激励机制和营造事业环境的关系、激励不足和激励过度的关系、约束不足和约束过度的关系。孔德议、张向前(2013)认为,有效的激励机制能激发知识型人才的潜能。本书透过组织承诺理论分析知识型人才激励影响因素,主要包括工作本身、个人成长、成就需要等内在动机因素和薪酬、高度自主、他人认可等外在动机因素,提出知识型人才激励的"硬核"理论:通过构建基于组织承诺的知识型人才激励模型,提出通过强化内、外在动机的措施,可激励知识型人才、提高知识型人才组织承诺,进而推动组织发展。

2.2.6.2　各类人才激励模型比较

激励理论在人才研究中广为应用,有关人才激励的理论研究也比较多。从西方企业激励理论的述评中可以发现,人们对企业激励问题的研究有两条思路:一是在经验总结和科学归纳的基础上形成的管理激励理论;二是建立在严密的逻辑推理和数学模型基础上的经济激励理论。两种理论都着眼于企业运作中的效率损失问题,研究如何通过对企业内部人的激励来提高经济效益,但在具体的研究过程中,其理论在研究角度、研究办法、前提假设、解决思路等方面存在着典型差异(见表2.5)。这些理论从不同的角度、不同的侧面出发研究了激励问题。事实上,不存在一种理论可以解释复杂的激励问题。随着对激励问题的深入研究,可以发现这些激励理论并不矛盾,它们之间更多的是具有互补性,对它们进行综合性的研究和运用,才是激励理论发展的方向和目标。

表 2.5　管理激励理论与经济激励理论的区别

序号	不同之处	管理激励理论	经济激励理论
1	研究角度不同	从心理学的视角重点研究一般人性,其逻辑思路是以人的内在本性为基点,在多元化人性的观察基础上,通过施加外界影响满足人的内部需要来实现对员工的激励,提高企业的整体效率	沿着制度设计的道路,先对人性作一个基本假设,再从假设出发,设计出一个完善的激励机制激发人的积极性,遏制人的自利性,以达到个人目标与组织目标相一致,实现个人与组织的激励相融

（续表）

序号	不同之处	管理激励理论	经济激励理论
2	研究对象和对人的假设不同	以复杂的"社会人"和复杂的管理实践为研究基础,研究特定环境条件中人的行为方式,因此它的人性假设更接近现实,可以看作是经济激励理论中人性假设的某种具体化	以"经济人"假设为研究基础,假定人是完全理性、完全知利,并且具有权衡利弊、签订契约的能力,它的人性假设更具概括性和抽象性
3	研究方法不同	以归纳为主要研究手段,具体使用观察法、调查法等方法进行经验总结和科学归纳,建立自己的理论体系	以演绎法为主要研究手段,运用数理、计量的方法,结合博弈论、信息经济等工具,通过严密的逻辑推理和数学模型构造起理论的大厦
4	表述不同	激励与约束是不同的两个概念,分别起不同的作用,用不同的方法解决不同的问题。管理激励与约束中的管理者和被管理者既有共同利益,也有不同利益,因而他们之间既存在合作关系,也有委托人和代理人的关系	往往把激励与约束统一为一个"激励"的概念,用"正激励"和"负激励"来替代管理激励中的激励与约束概念,把管理者和被管理者的关系简化为委托人和代理人的关系,主要考虑一个补偿指标,根据指标的大小、正负起到一定的激励与约束作用
5	解决的思路不同	目的是研究人类利用有限资源实现组织目标的管理活动方面的社会行为及其规律,它把激励贯穿于管理活动的各个环节,是多目标、多内容、多形式、多因素、多方法、多阶段的激励过程	把解决路径寄托在补偿机制的设计上,主要考虑设计报酬结构问题,侧重用模型完美地解决理论逻辑中的激励问题

资料来源：马晶.西方企业激励理论述评[J].经济评论,2006,6.

从行为学角度而言,影响人才个体行为的因素比较多。赫茨伯特(Herzberg,1966)从激励的角度提出了激励—保健因素理论,该理论认为影响个体行为的因素有外在因素和内在因素两种,而个体对于外界情境的反应则有满意和不满意两种,这个理论当中包括外在因素、内在因素、满意和不满意四个概念,这四个概念之间的关系便构成了双因素理论。在这一理论基础上,可以提出大量的命题,要在组织情境中验证双因素理论是否成立,必须将这些命题转化为研究假设(徐淑英,2009)。赫茨伯特将工作环境中的外在因素视为保健因素,包括员工的薪酬、技术指导、人际关系、公司政策和行政管理、工作条件以及工作安全等;将内在因素(激励因素)界定为成就、认可、责任和个人发展等几个方面。双因素理论是有边界条件的,比如,它针对的是作为组织中的成员个体,而不是组织中的群体。此外,有学者认为双因素理论是针对经理人的,对于基层员工比如薪酬和安全等因素也能够对他们起到激励作用。而本书研究关注的高层次科技人才比较符合该理论的研究界限,但欠缺的是中观和宏观因素的内容,比如,国家出台的科技人才政策、国家宏观的创新创业政策以及企业所在的产业环境等在该模型中均得不到体现。

美国哈佛大学教授戴维·麦克利兰(David·C. McClelland)于20世纪50年代通过对人的需要和动机进行研究,在一系列文章中提出了成就需要理论。他把人的高层次需要归纳为对成就、权力和亲和的需要:成就需要是争取成功希望做得最好的需要;权力需要是影响或控制他人且不受他人控制的需要;亲和需要是建立友好亲密的人际关系的需要。麦克利兰的理论在企业管理中很有应用价值:一是在科技人才的选拔和安置上,通过测量和评价一个人动机体系的特征对于如何分派工作和安排职位有重要的意义;二是由于具有不同需要的人需要不同的激励方式,了解科技人才的需要与动机有利于建立合理的激励机制;三是麦克利兰认为动机可以训练和激发,为此训练和提高员工的成就动机,可以提高生产率。

斯金纳(Skinner)于20世纪70年代提出了激励强化理论,主张对激励进行有针对性的刺激,只看重员工的行为及其结果之间的关系,而不是突出激励的内容和过程。该理论认为人的行为是由外界环境决定的,外界的强化因素可以塑造行为。人们的行为是对其以往所带来的后果进行学习的结果。由于强化理论只讨论外部因素或环境刺激对行为的影响,忽略了人的内在因素和主观能动性对环境的反作用,而且强化理论确实为分析控制行为的因素提供了有力的工具,但是该理论忽视了人的内部状态以及情感、态度、期望和其他已知的会对人的行为产生影响的认知变量。

波特(Lyman W. Porter)和劳勒(Edward E. Lawler)于 1968 年提出的激励模型(见图 2.8)主要观点是:①"激励"导致一个人是否努力及其努力的程度;②工作的实际绩效取决于能力的大小、努力程度以及对所需完成任务理解的深度;③奖励要以绩效为前提,不是先有奖励后有绩效,而是必须先完成组织任务才能获得精神的、物质的奖励。该模式对激励系统的描述比较全面,它表明激励和绩效之间并不是简单的因果关系,要充分考虑到奖励内容、奖励制度、组织分工、目标设置、公平考核等一系列的综合性因素,并关注个人满意程度在努力中的反馈。

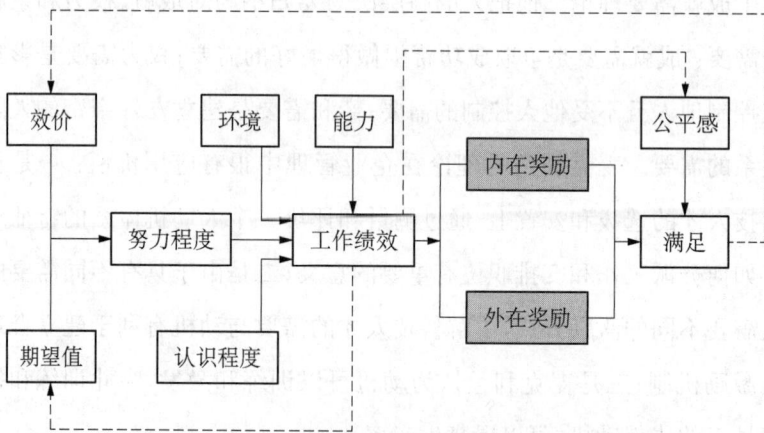

图 2.8 波特—劳勒综合激励模型

波特和劳勒认为,在内容激励和过程性激励因素之外,从激励开始到工作绩效之间有三个因素非常重要:①能力和素质。一个人的能力对完成任务起着巨大的作用,因此,作为管理者必须要慧眼识才,把人才放在最能发挥其长处的岗位上。②工作条件。选好人才后,还必须要为其发挥才干创造必要的条件,配备必要的资源。③角色感知。为了让职工做出优异的绩效,作为管理者必须要帮助职工充分了解该角色、该岗位或者该项任务对他的具体要求。

根据波特—劳勒综合激励模型,可以确定激励体系有几个主要的激励因子:报酬、期望值、能力、对工作的认识和环境。因此,高层次科技人才的激励策略包括报酬激励、精神激励、工作激励和环境等,其中环境作为控制变量(见表2.6)。

表 2.6 基于波特—劳勒综合激励模型的高层次科技人才的激励策略

激励策略	具体形式	案例及效果
报酬激励	短期的报酬激励适合采取发放鼓励性报酬、奖金、公司支付保险金,或在做出成绩时给予奖励	发达国家取得了很大成功
	长期的报酬激励适合采取股权激励。股票期权是分配制度的一种创新,也是富有成效的激励制度之一	
工作激励中强调充分放权	高层次科技人才通常都有较强的自主性,不愿受制于物,善于在工作中自我引导,而且下放决策权是满足高层次科技人才被委以重任的成就感的需要,使他们对工作抱有更大的热情	华为与中兴通讯两家高技术公司因为充分放权,其人才流动率始终低于5%
工作富有挑战性	高层次科技人才热衷于具有挑战性的工作,把攻克难关看作一种乐趣,一种体现自我价值的方式,要使工作富有挑战性,除了下放决策权外,还可以通过工作轮换和工作丰富化来实现	联想集团就有"小马拉大车"的用人理论
提供学习、培训的机会	高层次科技人才更关心自己的利益和价值,当生活有保障之后,他们会追求更高层次的自我超越和自我完善,因此为高层次科技人才提供受教育和不断提高自身技能的学习机会,会促使其更加愿意为企业发展效力	

（续表）

激励策略	具体形式	案例及效果
双重职业途径激励	一部分人希望通过努力晋升为管理者，另一部分人却只想在专业上获得提升 采用双重职业途径的方法，来满足不同价值观员工的需要，但必须使每个层次上的报酬都是可比的	成功案例：微软公司将技术过硬的技术人员推到管理者岗位；对于那些只想待在本专业最高位置而不愿担负管理责任的开发员、测试员和程序员，就在技术部门建立正规的技术升迁途径，设立起"技术级别"，给他们相当于一般管理者报酬
环境	企业创新环境	
	所处产业环境	
	宏观制度环境	

资料来源：根据相关资料进行整理。

罗伯特·豪斯（Robert House）提出了综合激励模式，他通过一个模式把上述几类激励理论综合起来，把内外激励因素都归纳进去了。豪斯的公式强调了任务本身效价的内激励作用，突出了完成工作任务内在的期望值与效价，兼顾了因任务完成而获取外在奖酬所引起的激励，对主管人员将会有极大的启迪作用。要提高员工的积极性，必须从内、外激励两个方面入手，该理论考虑了多种因素，较为适宜本书的理论分析，但仍有其局限性。

2.3 人才流动及影响因素研究

在人才流动的相关研究文献中，从研究视角来看，许多学者分别从经济学、管理学、心理学、社会学、会计学、统计学、法学、人才资源与产业关系等不同角度进行研究。根据人才流动的分类，有国内外人才流动、不同单位之间的人才流动、不同区域的人才流动、不同产业的人才流动,等等。本部分文献主要关注的是不同组织间的人才流动,尤其是企业的内外部人才流动的相关研究。

从研究内容来看,主要包括以下几方面:分析和诊断人才流动的性质及决定因素;评估不同类型的人才流失可能给组织带来的后果;从多方面提出对策和办法等。国外研究者主要集中在构建和验证人才流动模型和基本原理,在宏观层面的研究不多。但由于国情不同,所处的发展阶段不同,所面临的实际状况不同,这些原理在我国直接应用的条件尚不具备。随着我国人才理念、人才工作环境的改善,特别是市场经济的成熟,国外人才流动理论的借鉴作用会越来越大。

国内大多研究集中在人才个体和企业组织层面,研究者们普遍关注的是产生人才流失的原因和后果,有的涉及一些宏观原因分析,而对人才流动宏观上的综合研究较少,尚缺乏深入系统的阐述,现有研究大多是从一个侧面分析人才流动的成因或有效控制人才流失问题,但对于本书的研究都有借鉴之处。

2.3.1　人才流动的原因与规律分析

国内一些学者和产业界人士对人才流动问题进行过调查分析,对于导致人才流动的原因、如何有效控制人才流失等进行了探讨,得出了一些有意义的结论。我国南京大学商学院赵曙明(2006)等认为,从全社会的角度来看,人才流动是优化资源配置、开发人力资源的必然要求。各行业、各地区、各企业的发展是不平衡的,对人力资源的需求必然也是不平衡的。为了使人力资源得到最充分的利用,提高人力资源的边际贡献率,必然要求人力资源从相对富裕的行业、地区及企业流入相对稀缺的行业、地区和企业。他认为我国科技人才的宏观流动态势是从低经济发展水平地区流向高经济发展水平地区;科技人才是我国劳动力要素中最为稀缺的一环,是我国各地区发展迫切需要的一个群体,各地为引进他们所需要的人才争相最大限度地降低了流动性壁垒,所以科技人才的流动,尤其是顶尖科技人才的流动是非常市场化的。目前我国现有的人才市场管理政策、户籍制度以及社会保障制度等并不能完全确保科技人才市场的主体地位,即在某种程度上并不能按照自己的意愿来选择工作单位,从而使得市场配置效率受到影响。

在人才流动的规律研究方面,黄永军博士(2006)通过对国际与国内人才流动的现实分析,探寻了人才合理流动的内涵,分析了人才流动的原因、人才流动的阻障,并在此基础上,提出了人才流动的饱和度趋衡定律:对于一个组织而言,由于组织环境与自身管理状况经常处于变化之中,因而人才饱和度也经常发生变化,当组织人才饱和度在组织系统中相对较高时,该组织总体表现出人才的外流倾向,相反则表现为人才的流入倾向;人才从一个组织向另一个组织的流动,总是朝着使同一组织系统的人才饱和度趋向均匀,并趋向准饱和的方向进行。

影响人才流动的原因是多方面的,张再生(2007)认为,从宏观上看,人才所处的地理环境、文化背景、国家与地区就业政策、法律法规、用工制度、社会保障体系、劳动力市场发育情况、经济发展状况等都会对人才的流动产生影响。从微观上看,工资、福利待遇等物质利益因素对人才流动有非常直接的影响;单位所属行业类型及职业类别对人才流动也有重要影响,同时,人才对工作的满意程度和所处的人际氛围也与流动有着十分密切的关系。

牛冲槐、崔静、高凤莲(2010)认为,人才的合理流动和科学配置是人才聚集效应产生和提升的重要前提。他们将人才流动的动因分为引致性动因和驱致性动因。引致性动因包括社会与经济发展动因、区域要素边际收益差别动因、区域自然地理差异动因以及区域科教与文化底蕴的差距动因;驱致性动因则包括自我价值实现动因、家庭利益动因和社会价值实现动因。

兰措吉(2015)在对人才的流动态势进行探究的基础上,归纳了人才流动的影响因素,指出社会保障与社会人才市场的稳定性、企业科技人才观与人才管理的科学性、人才自我驱动与价值实现是影响我国人才流动的主要因素。

2.3.2　企业科技人才流动的影响因素

2003 年,STEP 研究小组发表了多篇论文及研究报告,分析了丹麦、芬兰、挪威和瑞典等北欧地区科技人才的跨部门流动情况[①]:①把科技人才流动的研究对象分为机构(大学、研究所、公司),企业与集团,部门等三个层次,阐述了单个层次的人才流动的测量差异;②讨论了科技人才流动率研究中涉及的概念定义和测量方法,如流动单位、流入率、流出率、机构水平的流动率、企业与集团水平的流动率、大学和科研机构以及企业的分类等;③提出了实测数据域注册数据在流动分析中的适用于校正的方法。STEP 的研究是基于科技人才自由流动的假设而提出的,但对本书的研究仍有可借鉴之处。

企业对员工流动产生的影响因素包括与工作相关的因素,与组织及其特征相关的因素。胡蓓、翁清雄等(2008)对全国 10 所名牌大学的应届毕业生进行了调查,运用层次分析方法计算出组织人才吸引力的评价模型,指出影响组织吸引力的最主要指标是组织特性,其次是职业发展,最后是报酬制度;而与组织及其特征相关的因素包括企业的组织文化、管理风格与管理机制。陈洪浪(2006)也认为,影响企业吸引力的企业内部因素比外部因素更多,也更为重要,内部因素主要包括企业品牌(企业在人才市场的知名度和美誉度)、企业发展前景、

---

① 见 Measuring Mobility-Some Methodological Issues 和 Some Mrthodological Issues Labour Force Survey Data for Mobility Research 两篇文章。

薪酬水平、领导力和人力资源管理体系的完善程度,其相对于工作地点、当地政策和法规、行业前景、人才市场发达程度等外部因素影响更大。纪建悦、张学海(2010)利用我国 1998—2007 年科技人才年增量与对科技人才流动具有影响的因素的数据,建立起我国科技人才流动影响因素指标体系,从宏观角度(宏观经济运行、产业结构、财政科研教育投入)和微观角度(报酬和研究环境)分析了人才流动的影响因素。结果表明,影响科技人才流动最主要的动因是 R&D 经费和高技术产业增加值,并且其对科技人才流动均为单向因果关系。徐茜、王莹、周英洪(2013)以高科技企业科技人才为研究对象,通过大规模问卷调查,利用典型相关分析和回归分析考察了工作满意度和组织承诺对人才流动倾向的预测力。结果表明,与升迁、薪水、领导和工作本身相关的工作满意度对人才流动倾向产生显著负向影响,情感承诺和持续承诺对人才的流动倾向有显著的负向影响;并通过层级回归分析验证了组织承诺在工作满意度与流动倾向间的中介效果,表明工作满意度需要通过组织承诺的中介对人才流动倾向产生影响。

毛冠凤(2006)在其《高技术产业集群人才流动模式研究》一文中基于 Rice-Mueller(2001)和 Levin-Rosse(2001)的人才流动模型,从个人、企业和社会因素三大类型出发,采用因子分析法进行研究,并设计了量表(见表 2.7)。

表 2.7　变量定义及其量表来源

变量	定　义	参考量表或文献
个人因素	①个体的人口学变量,包括年龄、性别、教育水平、婚姻状况以及在组织内的任期等;②个体特征变量,指个体的工作绩效、气质、能力等;个体工作态度变量;③工作满意度和组织承诺;④与工作无关的个人因素,包括配偶、家庭责任等	Hom and Griffeth (1995); David and Mark (1999); Levin and Rosse (2001); Price (2001);张勉(2001)

（续表）

变量	定义	参考量表或文献
组织因素	组织内部的一些对员工流动产生影响的因素，包括与工作相关的因素，与组织及其特征相关的因素	Hom and Griffeth（1995）；Kennedy and Fulford（1999）；Hiltrop（1999）；Tracey（2000）；Levin and Rosse（2001）；王玉芹和叶仁荪（2004）
宏观环境因素	主要包括宏观环境、影响劳动力市场的经济和社会因素	March and Simon（1958）；Mobley（1979）；Levin and Rosse（2001）；Hu B and WengQ（2007）；王崇曦，胡蓓（2007）

资料来源：作者根据资料整理。

2.3.3　人才流动决策模型分析

国外对人才流动问题的研究历史较长，并伴随管理学、行为科学的发展不断完善。我国学者对人才流动问题的研究较发达国家要晚得多，20 世纪 90 年代初才引进了国外的一些相关理论，基于国内有限的人才流动实践及相关条件，目前我国人才流动研究还存在一定局限性。

关于科技人才流动方面的研究，经济学家的关注较早，主要是从宏观视角考察，比如工资、培训、就业机会等因素对科技人才流动的影响。经典的科技人力资源流动研究集中于雇员流失，无论是马奇—西蒙模型、普赖斯模型、莫布雷中介链模型，还是扩展的莫布雷模型，都是立足于组织角度研究雇员在组织之间流动的影响因素；美国学者马奇和西蒙（March & Simon）在《企业论》（Organizations）中提出了关于员工流失的模型，他们是最早尝试将劳动力市场和个体行为融为一体来考察和研究雇员的流失行为的。他们认为，雇员的许多心理或性格机制是连接雇员流失行为和经济、企业及人口等变量关系的纽带。他们构建了两个模型：一个模型分析感觉到的是从企业中流出的合理性,员工对工作的满意程度及其对企业间流动的可能性的估计是两个最重要的决定因素;另一个模型分析感觉到的是从企业中流出的容易性。马奇和西蒙强调员工能够看到的企业数量、他们胜任职位的可获得性以及他们愿意接受这些职位的程度。马奇和西蒙模型将劳动力市场和行为变量引入员工流出过程,为以后研究员工流出奠定了坚实的理论基础。但该模型缺乏充分的实证和经验性调查研究,马奇和西蒙引用了大量以往的研究成果来支持这一理论假设。虽然这种方法可以很好地用来建立模型或提出理论假设,但是,决不能用来代替事后对模型进行直接评估。人口迁移理论的选择性理论尽管指出迁移者行为会随着个人特征的不同而有差别,并有学者进一步研究受教育程度对迁移倾向的影响,但是针对科技人力资源这一特殊群体的企业集聚影响因素的研究还不是很系统。因此,如何集聚高层次科技人才成为企业发展的重要课题,其影响因素的研究也就成为必然。

对员工流失问题研究卓有成就的美国人普莱斯(Prince)建立了有关员工流出的决定因素和干扰变量的模型,将企业变量和个人变量结合起来探讨员工流出问题。普莱斯定义了决定员工流出的主要因素:工资水平、融合性、基础交流、正规交流以及企业的集权化,前四种因素与员工流出呈现正相关性,企业的集权化与员工流出呈现负相关性。工作满足度和变换工作的机会是员工流失和其他决定因素之间的中介变量。

赵曙明等(2000)在其论文《人才流动探析》中提出了人才流动组合决策模型,认为人才流动是否实现取决于人才个体决策结果和组织决策结果的组合。其中,人才个体决策结果取决于人才流动收益和人才流动成本的比较,组织决策结果取决于人才使用收益与人才使用成本的比较。

斯蒂尔斯(Steers)和默德(Mowday)于 1981 年提出了 Steer-Mowday 模型(见图 2.9)。他们认为以下变量的变化顺序直接导致员工在组织中的去留：①工作期望和工作价值影响员工对工作的主观态度；②主观态度影响离职或留下的意图，同时需要考虑诸如配偶工作和留给家庭的时间等一系列非工作因素的影响；③离开组织的意图导致实际的离职行为。但模型中不仅存在许多变量的交互作用，而且也存在回路，因此该模型的实证研究比较少。

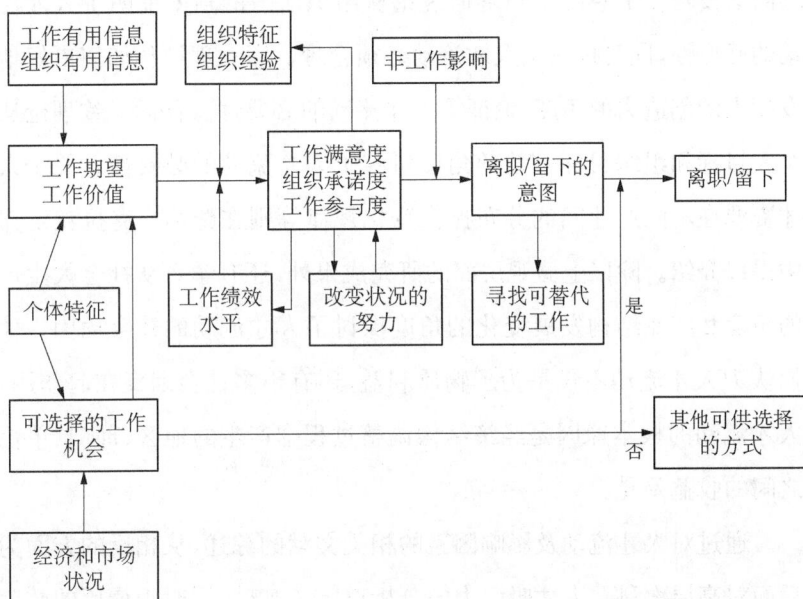

图 2.9　Steer-Mowday(1981)模型

　　Price-Mueller(1977)模型以期望理论为基础，结合了经济学、社会学和心理学等相关理论，以此解释员工的流动行为。此后，他们以之前一个模型作为基础引入实证研究发现新的流动决定变量，经过多次修订，形成 Price-Mueller(2001)模型。在该模型中，环境变量机会和亲属责任以及一般培训直接与流动行为相关，其他变量均通过中介变量工作满意度和组织承诺对流动意向产生影响，进而影响流动行为。工作满意度和工作机会的多少是相互影响和作用的。由于该模型吸收了多个学术领域对流动的研究成果，在解释员工流动的心理变化过程方面表现出了很好的预测能力，因此是目前应用最为广泛的流动模型。

　　从个体层面看人才流动的理论研究主要包括勒温的场论、卡兹的组织寿命理论、库克理论、目标一致理论等。这几种理论主要是从人才成长和激发创造力角度进行分析的,从微观角度论证了人才流动的必要性和必然性。勒温的场论从环境影响绩效的角度论证了人才流动的必要性。卡兹的组织寿命理论从组织活力的角度证明了人才流动的必要性,同时也指出人才流动必须合理。库克理论从如何更好地发挥人的创造力的角度,论证了人才流动的必要性。目标一致理论从个人目标和组织目标一致的角度研究了人才流动的必要性。关于人才资源在不同产业间的分布比例变化规律等则在配第—克拉克定律中得以介绍。除以上微观层面的研究成果外,还有学者从社会大生产的角度和产业结构发展变化的角度探讨了人才流动的社会动因。他们认为人才流动不仅是为了物质利益,还有很多社会因素在起作用,人才流动的根本原因是经济结构调整过程中产生的地区、部门、单位之间的收益差异。

　　通过对人才流动及影响因素的相关文献的综述,从相反的方面为后面对高层次科技人才吸引力的分析奠定了基础,同时为最后的政策建议的完善提供有价值的借鉴。

2.4　企业科技人才吸引力相关研究

2.4.1　组织吸引力

　　图尔班(Turban)和格里宁(Greening)于1993年率先提出组织吸引力的概念,指出组织吸引力是组织本身吸引求职者的程度,研究重点是组织特性(如组织规模、组织文化),而非工作特性(如工作内容、工作自主性)。人才吸引力高的组织本身能够快速吸引大量人才前往谋职,并大幅降低招募活动所需成本。

组织行为学对组织吸引力给予了较多研究。组织行为学是对组织中人的行为的系统研究,它在管理中扮演着重要的角色。组织中的行为是一个系统,系统的因素间存在着各种相互关系和相互作用。组织行为属于应用科学,它是在多门科学的基础上建立起来的,这些学科包括心理学、社会学、社会心理学、人类学、政治学、生理学等。在组织行为学中,一般把生产率、缺勤、流动、组织公民行为和工作满意度五个因素作为组织中人力资源效果的关键变量。微观、中观和宏观层面上大量的自变量都会对这五个因变量产生影响(见图2.10)。

人才作为企业内部的一种独特资源越来越受到重视。组织吸引力研究表明,企业的人力资源管理释放出的信息可使求职者感觉到组织对于人力资源的重视,如果能满足个人的需要和期待,组织人才吸引力也将大为提高。

麦肯锡公司一项为期一年的研究表明,人才将是企业未来最为重要、最为短缺的资源。对于企业间人才竞争与人才流动问题,一些学者从组织整体的角度进行研究,形成了一些对工作场所、企业形象、企业吸引力进行整体分析、比较与评价的理论体系。美国《财富》(*Fortune Magazine*)杂志1984年就开始评选"最适宜工作的100家企业",作为其评选负责人之一的利弗林(Levering)教授对"最佳工作场所"的定义是:在这个工作场所中,你信任那些你为之服务的人,为自己所从事的工作感到自豪,喜欢那些和你共事的人。对"最佳工作场所"的评价主要基于三个方面:①员工与上司、管理层之间共事的信用,又分为可靠性(credibility)、尊重(respect)和公正(fairness);②员工在工作中对自我能力、价值和身份的自信;③同事之间交往、共事的乐趣。

受国外理论发展及相关实践活动的影响,国内近两年也有学者开始关注雇主品牌问题。同时,一些管理咨询公司、新闻媒体也在国内

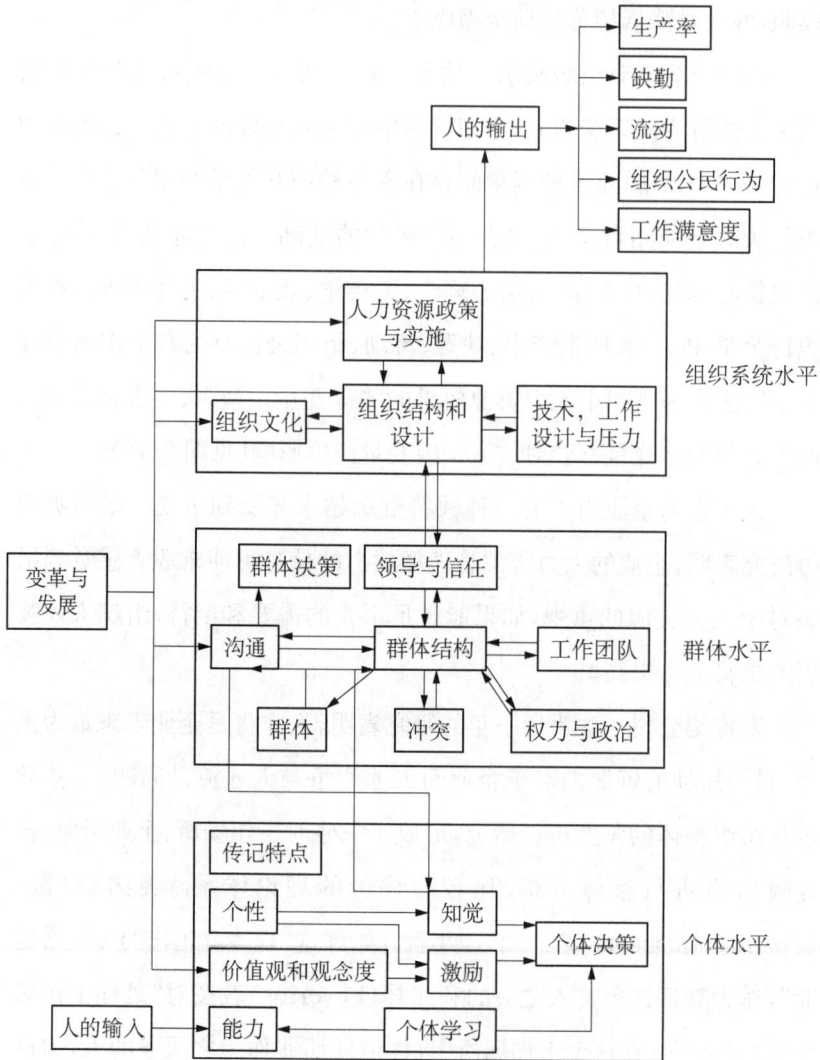

图 2.10　基本的组织行为学模型

组织了关于"最佳雇主""卓越雇主"等的各类评选活动。雇主品牌
(employer brand/branding)理论是随着服务营销、内部营销(把员工
视为企业的内部顾客)、品牌理论与人力资源管理实践的结合而形成
的。从内在关系来说,雇主是工作场所的形象化代表,雇主品牌就是
对工作场所的整体描述和评价。英国伦敦商学院的安布尔(Amber)
和巴罗(Barrow)首先提出了雇主品牌的概念:由雇用行为提供的,并

与雇主联系在一起的,心理、经济和功能三种利益的组合。巴罗和莫斯利(Mosley,2005)把雇主品牌的内容要素划分成了新的三项内容:一是功能利益(含经济利益);二是情感利益,如在组织内工作体验与工作关系中结成的情感联系、心理契约,完成工作任务的自我心理满足、被同事品评的良好程度,对他们所代表企业的品质、目标和价值的崇信等;三是更高层次的利益,如对组织成员身份或对工作的自信、个人自由、健康与幸福、清新愉悦的心情等。

许多学者从求职者选择雇主的角度研究雇主品牌等相关问题。伯松(Berthon)等把"潜在员工所看到的、为某特定组织工作的预期利益"定义为雇主吸引力,并通过实证研究提出了雇主吸引力的五个维度:①兴趣价值,包括令人兴奋的工作环境和新颖的工作实践;②社会价值,包括愉快的工作环境、融洽的同事关系和团队氛围;③经济价值,包括工资、总体薪酬、工作安全性和晋升机会;④发展价值,包括被认可、自我价值和自我信心、职业发展等;⑤应用价值,包括运用所学知识、传授他人等。殷志平在此基础上对初次求职者和再次求职者进行了探索性的比较分析,提出初次求职者和再次求职者的雇主吸引力都有五个维度,但各维度的顺序(即重要性)及内容都有不同,提出不同文化背景、不同的求职群体对应的雇主吸引力维度存在一定的差异。

利文斯(Lievens)[①]用企业吸引力(Companys Attractiveness as an Employer)的概念研究了应届毕业生和有工作经验的应聘者看待银行业公司吸引力特性的差异,从而在应聘者角度验证了组织成员和外部人对组织形象有不同看法(Dutton et al.,1994)的观点。

杨智勤(2008)在国内外现有的关于最佳工作场所、雇主品牌等研究的基础上提出了组织吸引力的概念:组织(企业、工作场所)所具有

---

① 详见：Lievens F.，Highhouse S. (2003)，The Relation of Instru2mental and Symbolic Attributes to a Company's Attractive2 ness as an Emp loyer，Personal Psychology，56(1)：75.

的,吸引外部人才,保持并激励内部人才的综合能力,包括组织吸引力预期和组织吸引力感知两部分。组织吸引力的本质是企业满足员工各种需要的现实能力、可能性估计和期望的实现程度。他还阐述了组织吸引力评价的相对性、动态性等特征,以及其影响员工行为的过程,并归纳出了组织吸引力七个层面的内容要素,阐述了组织吸引力理论在人力资源管理中的几个重要应用。其核心关键词是最佳工作场所、雇主品牌、雇主吸引力、组织吸引力以及人力资源管理。

胡蓓、翁清雄、杨辉(2008)从求职者的视角对组织人才吸引力进行了指标评价研究(见表 2.8),并以全国十所名牌大学的应届毕业生为对象,采用 ANOVA 差异分析和 AHP 方法进行了实证研究。研究表明:①组织的人才吸引力主要表现在六个维度,按重要性排序先后为组织特性、职业发展、报酬制度、组织表现、学习培训制度、工作特性;②组织对不同性别的大学应届毕业生的吸引,在组织特性这个维度上差异较为显著。

表 2.8　组织人才吸引力评价指标

组织人才吸引力评价指标体系	职业发展	工作稳定性
		职业生涯管理
		与专业技能相符
		晋升制度
	学习培训制度	进修学习制度
		技能培训制度
	报酬制度	福利制度
		奖励制度
		薪酬制度
	组织特性	国际化程度
		工作地点
		组织规模

（续表）

工作特性	工作内容
	工作环境
组织表现	企业形象与社会责任表现
	财务绩效状况
	创新成长

资料来源：胡蓓,翁清雄,杨辉.基于求职者视角的组织人才吸引力实证分析——以十所名牌大学毕业生的求职倾向为例[J].预测,2008,1:56.

　　杨智勤(2009)认为组织吸引力反映了企业吸引、保持、发展与激励员工的综合能力,其作用目标就是营造一个团结、和谐、敬业、高效的工作场所,由内而外建立优秀的雇主品牌。组织吸引力理论的相关研究主要应用在人力资源管理(HRM)中的以下几个方面:①组织吸引力是一项基于多因素的综合指标,后续研究中对其结构维度的测量,可以用来分析各类员工满意与激励水平影响要素的重要性排序,显示出组织吸引力预期在各类员工间的差异,对员工的工作态度、个体行为和工作绩效具有一定的预测作用。为此,还需要建构其影响员工行为选择的关系模型并进行深入研究;②员工的满意与激励不能回避"资源稀缺性与个人欲望无穷性"这一基本经济问题。按照效用值理论,组织吸引力各因素(结构维度)的效用具有相互替代或互补作用,而且各维度效用值对于不同个体、个体职业发展的不同阶段来说具有相对性和动态性;对于特定的个体来说,组织吸引力的大小应取决于各维度效用值总和的大小。这就可以帮助企业合理规划人力资源投入,根据不同员工的不同需要及偏好来建立多层次、复合型的激励体系,使人才既满意又敬业;③员工对组织吸引力预期和感知的差异值是对工作场所进行的一种综合评价,反映了企业内部人力资源作用环境的健康状况,也就是在员工从"人材"到"人才"再到"人财"的发展过程中组织吸引力大小的变化。企业可考虑各类员工的评分情况、总人数及其对企业经营效益的影响程度等因素,来对人力资源管理状况进行自我评价,建立工作场所健康状况的监测体系。

杨智勤(2010)假设企业用来吸引、保持、发展和激励所需员工的组织吸引力是一种多维结构,是多方面因素综合后的一种总体水平,其中包含着特定的维度来具体反映企业的组织特征因素。他通过探索性和验证性因子分析验证了研究假设,企业(工作场所)吸引外部员工,保持、发展和激励内部员工的组织吸引力主要包括五个维度:①信用价值,是个人在组织内得到尊重,个人工作能力与业绩得到认可并通过公平分配得到体现的组织保证;②基础价值,传达了企业的薪酬福利与激励水平,企业经营与岗位工作的稳定性,组织成员身份的社会价值等信息;③成长价值,反映了与员工未来相关的企业发展前景、发展潜力;④工作价值,反映了员工的工作岗位、工作环境以及职业发展等方面的价值所在;⑤氛围价值,反映了组织内企业与员工、员工之间的关系,是工作体验中的乐趣所在。结构方程模型验证了上述五个维度可以组成较为稳定的一阶 5 因子结构和二阶单因子结构,表明组织吸引力可以作为一个整体发生作用。

王灵敏、刘宁(2013)对国内外组织吸引力相关文献进行了梳理,从组织吸引力的产生与发展、影响因素以及维度等方面对现有研究进行了评述。他们提出目前组织吸引力的相关研究有几大类:以组织形象概念展开的研究,主要有雇主(企业)形象、雇主(公司)声誉等;以吸引力概念展开的研究,主要有企业吸引力与雇主吸引力等;以雇主品牌概念进行调查研究,主要包括雇主品牌、最佳雇主等。针对组织吸引力影响因素的主要研究有:产品与服务的知名度、招聘活动与招聘者行为、企业形象与声誉和薪资福利与提升空间。

翁清雄、吴松(2015)认为,由于研究者对组织吸引力研究角度和研究样本等的不同,许多实证研究结论之间存在相当程度的差异和分歧。组织吸引力是从求职者的视角衡量个体到某个具体组织中工作的意愿强度。关于它的形成机制,主要从要素理论和匹配理论两个方面进行阐述。要素理论关注工作特征对组织吸引力的影响;匹配理论则认为,求职者在招聘的早期阶段会对个人与组织特征的匹配性进行评价,并基于匹配的程度产生是否到组织工作的意愿。他们在对过去25年组织吸引力相关研究回顾的基础上,基于要素理论和匹配理论,采用元分析的定量分析工具,对多个研究结果进行了综合性统计处理,从工作的功能性特征、象征性特性以及P—O匹配和P—J匹配等方面梳理和验证了组织吸引力的主要影响因素,探索和检验了上述因素与组织吸引力之间关系的潜在调节变量。结果表明:工作的功能性特征(薪资、晋升机会、任务多样性、团体活动、培训、出差)、象征性特征(真诚、创意、胜任、声望)、P—O匹配和P—J匹配与组织吸引力均显著相关。

组织吸引力研究虽然注重心理测量,并取得了许多成果,但伯松、尤因(Ewing)和哈(Hah)(2005)指出组织吸引力可能存在跨文化的差异,因此必须进行深入的研究,其结论才会具有跨文化的推广价值。由此可见,在组织吸引力研究中,对宏观制度环境、经济环境、创新文化等因素关注不够存在缺陷。而环境因素在吸引过程中对组织和求职者都具有潜在的影响,如劳动力市场可能会影响到企业提供特定工作特性(如工资、福利)的程度,以及可获得的空缺职位,也影响到个体的可获工作机会及他们对工作机会的感知。总体上看,组织吸引力的研究主要侧重在微观层面,对中观和宏观层面的研究较少。但该研究仍对人才企业集聚有一定借鉴意义,因为企业作为组织的一类,对人才而言,企业具有吸引力才能更好地吸引人才的集聚。

从企业科技人才吸引力和组织人才吸引力的上述研究中可以看出,有些内容与现有的影响因素的研究有些类似,有些内容有部分重合。企业存在强大的人才吸引力,但学者对企业科技人才吸引力的描述大多停留在定性层面,缺乏实证调查和定量分析。本书将依据相关文献梳理企业科技人才吸引力的相关研究,并结合实地访谈、专家研讨,设计企业科技人才吸引力的调查问卷。

2.4.2　企业科技人才吸引力

目前,对于企业科技人才吸引力的研究并不多,缺乏对企业科技人才吸引力系统化、定量化的研究。每年一度的《中国大学生最愿意就业企业调查》是对企业科技人才吸引力的一个初步评价,而且只是一个对调查数据的排列而已(王养成,2006)。

在企业吸引力的研究中,图尔班和格里宁(1996)强调,组织吸引力的研究重点是组织特性,如组织规模、组织文化等。巴伯(Barber)等(1999)以585名大学应届毕业生为样本进行问卷调查,结果表明:60%以上的求职者偏好大型企业,而不愿意去中小型企业。利文斯等(2001)以359名学生为受试对象,调查分权化和薪资结构等两项人力资源管理制度,以及组织规模、全球化程度对于组织人才吸引力之影响,发现相对于集权化组织而言,分权化组织更具有人才吸引力。

集中于对微观组织的人才吸引力研究,范围涉及企业、医院、部队,甚至学校,停留在微观层面,企业凝聚力在社会学和组织行为学的研究中可以见到,这个概念与企业科技人才吸引力有类似之处。郑杭生(2005)认为,企业凝聚力是指企业吸引其成员,把成员聚集于企业之中并整合成一体的力量。一般来讲,企业凝聚力表现为三个层次,即企业对人才的吸引力、企业内部的整合力和企业一直行动的能力。在企业文化和市场营销的研究中,企业声誉和企业品牌是其研究的重点内容之一,可以看作是企业的外部影响力。

国内学者王养成(2006)提出了企业科技人才吸引力,运用专家意见法(Delphi)建立了人才吸引力的定量评价指标体系(见图2.11),以此为基础,采用层次分析法和模糊综合评价法设计了企业科技人才吸引力的定量评价模型,并从中观层面对不同企业进行了比较研究,他

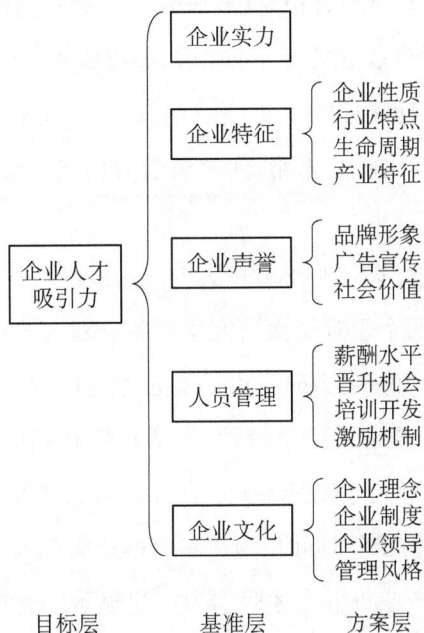

图2.11　企业科技人才吸引力评价指标体系

认为：①企业科技人才吸引力是企业对人才的影响力；②企业科技人才吸引力包括企业对外部人才的吸引力和企业对内部人才的吸引力两个方面；③企业科技人才吸引力对企业至关重要，因为它是企业凝聚力的基础，是影响企业声誉和品牌的重要因素。

何淑明（2006）认为，近些年来，整个社会的人才流动呈现出明显的"马太效应"，集中表现为人才从经济效益差的企业流向经济效益好的企业，从传统企业流向新兴企业，从国有企业流向民营、合资、独资企业。在所有企业的人才流失中，国有企业已成为重灾区。大多数国有企业面临着人才"引不来、留不住"的尴尬局面，人才流失极为严重，已影响到国有企业的未来发展。其原因有社会、组织、个人等多方面的因素。应努力做到用企业发展吸引人，用培训机会吸引人，用职业发展吸引人，用公平的激励机制吸引人，用情感吸引人，用企业文化吸引人。

人才吸引力与离心力相对应,研究员工离职问题时,专家通常从社会、组织、个体等多个层面寻求原因,如有些学者认为引起离职的因素包括个体因素、可控因素(如工作、组织因素)和不可控因素(如社会因素)等。按照类比研究思路,人才吸引力影响因素也可以从宏观到微观逐步分层。

胡蓓、周均旭、翁清雄(2009)从集群的经济特性、文化特性、人才政策、生活环境四个宏观层面研究集群特性对人才吸引力的影响,并在模型中引入组织吸引力研究中的关键微观因素——企业人力资源管理,研究证实:集群的经济特性、生活环境和集群内企业人力资源管理均对产业集群人才吸引产生了直接正向的显著影响;集群文化特性通过企业人力资源管理间接地影响着产业集群人才吸引力;集群人才政策,不仅对产业集群人才吸引力产生显著的直接影响,而且还通过企业人力资源管理产生间接的影响。企业是产业集群中的微观组织单元,集群吸引的人才最终要落实到企业组织中去服务。因此,本书也论证了企业科技人才吸引力的宏观和微观的影响因素。

王艳龙(2012)研究了中小企业的人才吸引力,将中小企业对人才的吸引力的评价内容分为以下三个方面:薪酬福利、发展空间和企业文化;并指出,中小企业科技人才吸引力的影响因素有很多,包括企业实力、企业形象、国家政策、毕业生就业观念这些企业内部和外部因素。

企业科技人才吸引力是将各类人才吸引到企业工作的能力。海豪斯(Highhouse)等(2003)认为,最直接的组织人才吸引力测量应针对真正申请职位并最终选择它的人。本研究将企业视为中间组织,以其内部工作人才为实地调研对象。

企业科技人才吸引力,根据受力方不同,可以分为企业外部人才吸引力和企业内部人才吸引力两部分。这里被测对象为企业内部人员,因此,我们对人才吸引力的测量在已有量表基础上进行了适当的

调整以反映企业对内部人才的吸引力。企业对内部人才的吸引力属
于企业凝聚力的范畴,是指企业本身所具有的、能够使企业的内部人
才通过参与、感知和体验而产生的自愿留在企业并积极奉献的力量。

2.4.3　企业科技人才吸引力的影响因素研究

关于企业科技人才吸引力和组织吸引力的影响因素研究较多,不
同的作者从不同角度进行了大量的量化分析,从表 2.9 中可以看出,
这些影响因素的研究有些是从中观层面进行的,有些是从微观层面进
行的。

表 2.9　有关针对企业科技人才吸引力和组织吸引力的影响因素研究

作者	年份	评价指标及影响因素
王养成	2006	构建了企业科技人才吸引力模型,包括企业实力(企业规模、企业获利、企业地位)、企业特征(企业性质、行业特点、生命周期、产业特征)、企业声誉(品牌宣传、广告宣传、社会价值)、人员管理(薪酬水平、晋升机会、培训开发、激励机制)和企业文化(企业理念、制度、领导、管理风格)
邓建清、尹涛和周柳	2001	良好的工作环境、高工资福利、平等发展机会、个人创业机会、成就与晋升等
王养成	2006	人才观念、绩效考核体系、培训发展体系、薪酬体系
倪鹏飞	2001	企业文化角度:雇主作风、企业家欲望、员工精神
Lievens 和 Hoye	2005	企业声誉和形象、企业规模和实力、企业文化、人力资源管理制度
Turban 等	2001	调研了中国企业组织特性及组织—人员匹配对吸引人才的影响,企业性质和熟悉的企业对求职者的吸引力
Barber 等	1999	以 585 名大学应届毕业生为样本进行问卷调研,结果表明,60%以上的求职者偏好大型企业,而不愿意去中小型企业
Lievens 等	2001	以 359 名学生为研究对象,调查人力资源管理制度(分权化、薪资结构)、组织规模、全球化程度等对人才吸引力的程度。结论:分权化组织比集权化组织更有吸引力
Ching-Yi Chou 等	2004	良好的公司形象、内部提升制度、邻近著名大学或大企业的区位

（续表）

作者	年份	评价指标及影响因素
Spitzmuller 等	2002	良好的企业声誉、企业文化、绩效管理、培训和发展体系、知名度和美誉度将对劳动力市场有直观的吸引力
Chapman 和 Uggerslev 等	2004	组织形象、组织特性（工作环境等）对企业科技人才吸引力有显著影响，直接影响着求职人员的工作选择
张正堂等	2006	企业的绩效管理制度、薪酬制度、培训和发展体系、升迁制度（均为正向影响）
程玉莲	2005	初期阶段，薪水、住房、分红等利益因素起作用；企业的发展需要企业文化发挥更大作用
中华英才网	2007	薪酬福利、品牌实力、公司文化、职业发展是排在前四位的影响因素
陈洪浪	2006	内部因素比外部因素多且重要。内部因素包括企业品牌、企业发展前景、薪酬水平、领导力和人力资源管理体系的完善程度，其影响程度比外部因素，如地点、当地政策和法规、行业前景、人才市场发达程度等强
Turban 和 Greening	1996	研究重点是组织特性，如组织规模、组织文化等
胡蓓、翁清雄	2008	对全国 10 所名牌大学的应届毕业生进行了调查，构建了组织人才吸引力模型。结论：影响程度依次是组织特性（主导因素）、职业发展、报酬制度。组织特性相关因素是：企业的组织文化、管理风格和管理机制、企业的人际关系、组织内部公平性、薪酬、培训及再学习机会
王瑞旭	2008	企业吸引人才的手段，按顺序排列： 有竞争力的薪酬、培训机会、企业文化、发展空间、员工的情感满足、长期激励、良好的工作环境、企业发展前景、有效的沟通、内部提升、公平的绩效评价、企业领导者的魅力、诱人的福利待遇、挑战性工作、信息分享、施展能力的机会、企业声誉、管理科学化、良好的人际关系、企业的地理位置、稳定的工作、其他（弹性工作制等）
杨智勤	2010	组织吸引力具有五个维度： 信用价值（组织的领导与制度信用吸引）、基础价值（组织现有实力吸引）与成长价值（组织前景吸引）、工作价值（工作岗位与专业工作吸引）、氛围价值（组织氛围吸引）
王艳龙	2012	企业内部因素和企业外部因素：企业实力、企业形象、国家政策、毕业生就业观念
王灵敏、刘宁	2013	组织吸引力的影响因素主要研究有： 产品与服务的知名度、招聘活动与招聘者行为、企业形象与声誉、薪资福利与提升空间

（续表）

作者	年份	评价指标及影响因素
刘宁、王灵敏	2015	重视培训、个人导向奖金政策或以个人能力为升迁依据的人力资源管理政策对组织吸引力有正面影响。人力资源政策的组合也会对组织吸引力有积极影响
翁清雄、吴松	2015	工作的功能性特征（薪资、晋升机会、任务多样性、团体活动、培训、出差）、象征性特征（真诚、创意、胜任、声望）、P—O匹配和P—J匹配
周慧、崔祥民	2015	组织声誉：情感声誉和认知声誉。情感声誉较认知声誉对人才吸引力的影响更大

资料来源：作者根据文献整理。

　　本章主要从科技人才、人才集聚、人才流动和企业科技人才吸引力等四个方面对相关文献进行了综述，并从已有的文献中进一步明确了本书研究的边界和核心问题，选取了具体的研究方法。通过相关应用研究文献可以看出，现有文献都是从不同的分类角度对组织或者企业科技人才吸引力，或者是人才区域集聚做了相关研究，文献中有不同层面的影响因素的相关分析，这些分析都从不同的研究视角形成了有价值的研究结论，为本书后续的研究打下了良好基础。已有的对于人才流动和人才集聚的研究从多种理论视角来研究，包括经济学、心理学、社会学、人才学、管理学等，其中，从管理学视角上的激励理论的阐述较多，而且激励理论也是人才学研究中经常被采用且非常有效的理论之一。从现有文献看，专门针对企业高层次科技人才吸引力的定量研究还较少，本书将尝试在这方面进行完善。

3 理论分析框架

　　本章将通过对相关理论文献的综述和回顾来构筑本书研究需要的理论分析框架,目的在于提供理论分析思路,结合我国企业吸引和集聚高层次科技人才的实际情况,从激励理论角度出发,从微观、中宏观层面分析企业高层次科技人才吸引力状况及相关影响因素,并在理论研究指导下,提出本书的 12 个研究假设。

3.1　理论分析

3.1.1　理论基础

3.1.1.1　人力资本理论
　　关于人才资本的理论形成是一个逐步演变的过程,从 17 世纪到 20 世纪 90 年代,一些相关经济学家都对人力资本理论的完善起到了或多或少的作用(见表 3.1)。

表 3.1 关于人力资本的理论研究

	理论名称	提出者	主要观点
1	劳动创造价值思想（体现人的经济价值）	英国古典经济学创始人之一威廉·配第（1623—1687）	他在《政治算术》(1676)一书中提出了"土地是财富之母,劳动是财富之父"的理论。同时他注意到了人的素质对生产力的影响,肯定了人的经济价值
2	人力资本思想	法国重农学派经济学家 F.魁奈（1694—1774）	人对于经济发展有很大作用
3	人是固定资本的一种,即人力资本	亚当·斯密	将资本划分为固定资本和流动资本。他指的固定资本不仅包括机器、工具、建筑物、改良的土地,还包括"社会上一切人们学到的有用才能",这种"有用才能"即人力资本
4	人力资本的价值及价格决定问题	新古典经济学时期瓦尔拉	人力要素的价值决定遵循着与其他物质资本品相同的规则,这些都可以通过他的生产方程体系来求解
5	关于移民价值的估算问题	新古典经济学奠基人马歇尔	在论述劳动及其工资决定时,马歇尔多次提到劳动者增强本领、提高技能的过程也就是人力投资的过程。"一切资本中最有价值的莫过于投在人身上的资本"
6	人力资本理论	美国经济学家舒尔茨（20 世纪 70 年代）	人力资本的积累是社会经济增长的源泉,现代经济发展必须依靠增加脑力劳动者的比例来代替原有的生产要素;强调一个社会和国家在人的健康、教育、技能发展和劳动力迁徙上的投入,是人力资本投入的主要形式
7	人力资本理论的框架更加完整	美国经济学家加里·贝克尔	从家庭生产时间价值及分配的角度系统阐述了人力资本生产、人力资本收益分配规律和人力资本与职业选择等问题
8	两时期和两部门模型	罗默（20 世纪 80 年代提出）	人力资本按受教育的年限来衡量,而新思想是指特殊的知识,是经济增长的主要因素,知识的生产要素投入人力资本和原有的知识积累,积累的知识越多,用于生产知识的人力资本的边际产出率就越高

（续表）

	理论名称	提出者	主要观点
9	两资本模型和两商品模型	卢卡斯	卢卡斯的经济增长论,强调人力资本积累是通过劳动者脱离生产过程到学校去学习来形成的,它所产生的是内部效应

资料来源:作者根据文献整理。

从表 3.1 中可以看出,关于人的经济价值和劳动创造价值的研究始于英国古典经济学创始人之一的威廉·配第。他较早提出了劳动创造价值的思想,他在《政治算术》一书中提出了"土地是财富之母,劳动是财富之父"的理论。同时他注意到了人的素质对生产力的影响,肯定了人的经济价值。在配第之后,法国重农学派经济学家魁奈论述了人对于经济发展的作用。之后,亚当·斯密对早期的人力资本思想进行了系统的分析。他在其代表作《国民财富的性质和原因的研究》中对"资本"作了定义,并将资本划分为固定资本和流动资本。他指的固定资本不仅包括机器、工具、建筑物、改良的土地,而且还包括"社会上一切人们学到的有用才能",这种"有用才能"即人力资本。

新古典经济学时期对人力资本投资的分析又深入一步。瓦尔拉利用二分法将资本的概念空前地扩展了,最大限度地把它运用到了人力因素上。瓦尔拉分析了人力资本的价值及价格决定问题,他指出,人力要素的价值决定遵循着与其他物质资本相同的规则,这些都可以通过他的生产方程体系来求解。然而,他更多关注的是一般的均衡数理分析体系,对人的能力的形成或人力投资的过程基本并无考察。新古典经济学奠基人马歇尔对人力资本投资的原理及过程的许多精辟阐述对后来的人力资本思想的形成影响是巨大的。马歇尔提出了关于移民价值的估算问题。在论述劳动及其工资决定时,马歇尔多次提到劳动者增强本领、提高技能的过程也就是人力投资的过程。"一切资本中最有价值的莫过于投在人身上的资本。"

　　美国经济学家舒尔茨于 20 世纪 70 年代在其人力资本理论中提出,人力资本的积累是社会经济增长的源泉,现代经济发展必须依靠增加脑力劳动者的比例来代替原有的生产要素。根据世界银行发布的《世界发展指标 1998》(*World Development Indicators 1998*)报告,若干国家在 20 世纪 60 年代到 90 年代的经济增长表明,资本积累对于经济增长的主要贡献不到 30%,知识和劳动者素质的提高发挥了主要的作用。舒尔茨对人才资源开发理论的主要贡献是:强调了一个社会和国家在人的健康、教育、技能发展和劳动力迁徙上的投入,是人力资本投入的主要形式,这种人力资本投入对于国家和社会发展具有重要意义[1],从而为宏观和微观人才资源开发实践的发展提供了最为坚实的理论支持。更有深远意义的是,舒尔茨的人力资本理论强调了国家经济发展的主要动力是对其公民的人力资产水平的系统提升。

　　美国经济学家加里·贝克尔创造性的工作使得现代人力资本理论的框架更加完整。他从家庭生产时间价值及分配的角度系统阐述了人力资本生产、人力资本收益分配规律和人力资本与职业选择等问题,为现代人力资本理论提供了坚实的微观基础。贝克尔的《人力资本:特别是关于教育的理论与经验分析》(*Human Capital：A Theoretical and Empirical Analysis，with Special Reference to Education*,1964)被西方学术界认为是"经济思想中人力资本投资革命"的起点。在该著作中,贝克尔阐述了人力资本的概念,认为"对于人力的投资是多方

---

[1]　美国著名经济学家、诺贝尔奖获得者西奥多·舒尔茨通过对 1900—1957 年美国农业经济的研究,发现这一时期物质投资增加 4.5 倍,相应的利润增加 3.5 倍,而人力投资在增加 3.5 倍的情况下,相应的利润增加了 17.5 倍;美国 1919—1957 年这 38 年中的生产总值增长额,49% 是人力资本投资的结果。

　　我国经济学家利用 1978—1996 年教育投资与健康投资的数据作为人力资本总投资,同时利用全社会固定资产投资作为物质资本总投资,计算出每增加 1 亿元人力资本投资,可带来次年近 6 亿元的 GDP 增加额,而每增加 1 亿元的物质资本投资仅能带来 2 亿元 GDP 的增加额。

面的,其中主要是教育支出、保健支出、劳动力国内流动的支出或用于移民入境的支出等形成的人力资本"。

继舒尔茨、贝克尔等之后,国外诸多学者在不同程度上进一步发展了人力资本理论。尤其是在索洛(R. W. Solow)于 1956 年发表了名为《对经济增长理论的贡献》(*Contributions to the Theory of Economic Growth*)的论文之后,诸多学者对增长理论展开了研究。他们认为可以像生产函数方法分析资本和劳动要素投入的数量对经济增长的贡献那样分析人力资本,将人力资本融入严谨的经济数学模型之中,并研究出了以人力资本为核心的经济增长模型。比如新经济增长理论在研究经济增长过程中特别强调人力资本的重要性,认为一个国家的经济增长主要取决于知识积累、技术进步和人力资本水平。新增长理论对人力资本理论的拓展主要体现在:一是把人力资本纳入增长模型。20 世纪 60 年代,舒尔茨和贝克尔等人的人力资本理论尽管涉及经济增长问题,但他们把人力资本和教育作为外生变量,也没有建立起定量模型。20 世纪 80 年代的人力资本思想的代表人物是罗默和卢卡斯。罗默于 1986 年发表了《收益递增与经济增长》(*Increasing Returns and Long-Run Growth*)一文,建立了简单的两时期和两部门模型。罗默认为生产要素应包括四个方面:资本、非技术劳动、人力资本和新思想。其中人力资本是按受教育的年限来衡量的,而新思想是指特殊的知识,是经济增长的主要因素,知识的生产要投入人力资本和原有的知识积累,积累的知识越多,用于生产知识的人力资本的边际产出率就越高。1988 年,卢卡斯发表《论经济发展的机制》(*On the Mechanics of Economic Development*)一文,提出两个经济增长模型——两资本模型与两商品模型(即卢卡斯的经济增长论)。他的两资本模型和两商品模型都是表示人力资本积累的增长模型,不同的是,两资本模型强调人力资本积累是通过劳动者脱离生产过程到学校去学习来形成的,它所产生的是内部效应。罗默(Romer)、卢卡斯等人不仅建立了以人力资本为核心的增长模型,而且使之内生化,比如罗默(Romer)则提出生产要素应包括资本、非技术劳动、人力资本(按接受教育的年限来衡量)和新思想四个方面,认为知识不仅本身收益是递增的,而且可以带动劳动和资本投入的收益递增,是经济增长的主要因素;二是从经济增长中阐述人力资本的经济意义,把对一般的技术进步和人力资源的强调变成了对特殊的知识即生产某一产品所需要的"专业化人力资本"的强调,从而使人力资本的研究更具体化、定量化;三是揭示了人力资本的"边际报酬递增律"。由于知识的"内部效应"与"外溢效应",人力资本具有与传统的物质资本不同的特性——边际报酬递增。全球财富的持续增长正是基于人力资本的边际报酬递增这种特性的。

近年来,伴随新经济地理学的发展,诸多学者高度关注人力资本空间集聚和溢出效应,在理论和实证等方面,从不同角度研究了人力资本集聚、溢出与经济增长之间的关系。藤田和蒂斯(Fujita & Thisse,2003)通过区分熟练劳动力(人力资本)和普通劳动者在经济增长方面的差异,构建出新经济地理学和内生增长模型,从理论上论证了人力资本集聚对区域经济增长及其福利变化的作用;福斯利德和奥塔维雅诺(Forslid & Ottaviano,2003)在新经济地理学模型中引入企业家(人力资本)这一具有高流动性的生产要素,研究发现市场规模的扩大会进一步吸引企业家在该地区集中,并最终促进地区经济增长;亨德森和王(Henderson & Wang,2005)通过构建区域内生增长模型,研究人力资本集聚与经济增长之间的关系;克里斯蒂安和弗雷德里克(Kristian & Frédéric,2010)分析了人力资本积累,人力资本选择及其集聚对城市系统形成、发展的影响,证实了人力资本在城市空间的集中是城市劳动生产率的源泉。劳赫(Rauch,1993)利用美国大城市调查统计数据,估计了人力资本地域集中对生产率的影响,证实了人力资本地理集中对区域生产率和工资具有显著促进作用;格莱泽、沙因克曼、施莱费尔(Glaeser、Scheinkman、Shleifer，1995)进一步通过实证研究发现，城市受教育程度劳动者数量的增加能够显著促进区域经济增长；亨德森(1999)通过对美国城市面板数据进行研究发现，具有较高大学毕业生比例的城市在 1940—1990 年间各个阶段增长速度都明显快于其他城市；摩勒和哈斯(Moller & Haas，2003)利用德国相关数据研究发现，具有劳动技能的劳动者比例提高有利于提高工资水平；莫雷蒂(Moretti，2004)研究了 1980—1990 年间美国大学毕业生比例与城市增长之间的关系。

整体而言，人力资本理论的形成和发展随着时代而变化，在不同的经济条件下有不同的主线和思路，它弥补了西方传统经济理论过分强调物力资本投资作用而忽视人力资本投资作用的缺陷，特别强调人力资本投资在现代经济增长中的作用，从新角度探讨了经济增长的动力和源泉，提供了新的见解和研究思路。

3.1.1.2 创新体系理论的研究

对日本快速崛起的研究使费里曼提出了国家创新体系的概念(Freeman，1987)，他总结了日本从模仿走向自主创新的道路和日本的成功经验，包括强调通产省的作用，企业以车间为创新实验室，强调企业培训、终身就业和企业网络的社会创新，这些特点使日本在全球具有了自己独特的创新体系。随后针对国家创新体系，很多学者提出了创新体系的模型，比如弗里曼的国家创新系统模型，波特的国家竞争力钻石理论，以及帕维特提出的以激励为核心的国家创新体系模型。

现有的人才研究主要包含四个方面：企业规模与产业选择、企业边界的研究、关于人员分工的朴素思想、分工引起的知识传递研究等。从分工理论的角度看，企业之所以不愿意创新，很大程度是因为创新的利润低，创新动力不足，创新保障的条件不稳定，创新的成本较高，创新的整体环境还有待完善(比如知识产权的保护问题)，因此本研究的前提是在这样一个发展环境下去看企业对于创新人才的吸引。现在之所以人才向着企业流动，是因为在整个创新体系中，人才除了向政府、院所、高校流动之外，还应该向创新主体企业集聚。随着国家宏观形势的发展，创新要素越来越向着企业集聚，所以人才逐步在向着企业流动。

3.1.1.3 激励理论

赫兹伯格的双因素理论是有边界条件的，它针对的是作为组织中的一个成员的个体，而不是针对组织中的群体。此外，有学者认为，双因素理论是针对经理人的，对于基层员工比如薪酬和安全等因素也能够对他们起到激励作用。而本书研究关注的高层次科技人才比较符合该理论的研究界限，但欠缺的是中观和宏观因素的内容，比如，国家出台的科技人才政策、国家宏观的创新创业政策，以及企业所在的产业环境等在该模型中均得不到体现；再比如，强化理论只讨论外部因素或环境刺激对行为的影响，忽略了人的内在因素和主观能动性对环境的反作用，因此遭到批评，被认为具有机械论的特点；而综合激励模式强调了要提高人们的积极性必须从内、外激励两个方面入手。该理论考虑了多种因素，较为适宜本书的理论分析，但仍有其局限性；产权理论强调了企业是不同财产所有者的契约的组合，财产所有权是交易的前提，企业所有权是交易的方式和结果。而产权目前是考虑人才流动受激励影响的一个重要方面，但不是全部；内外部匹配理论强调了企业的不同发展阶段，对于企业科技人力资源的管理有较大的差别，为此，本书在研究中关注了企业的不同发展阶段对于科技人才集聚的区别，尤其对科技人才吸引力的差别较大；政府行为理论强调，做到以市场机制为基础，同时也要积极发挥行政机制的作用。一个国家的经济发展与人才布局存在着其内在的发展规律性，其中最重要的一条是：人才无论向着哪个地区、哪个产业、哪个部门流动，前提是那个地区、产业或部门必须有足够的"人才吸纳能力",否则就不能容纳流进去的人才。"市场机制加行政机制"恰恰能够自然而然地通过"供求关系"调整所需人才的质量与数量,培育人才吸纳能力。

3.1.2　理论模型构建

本书之所以选择激励理论理由有两个:一是从创新理论的研究中得知,人才若干创新,必要要有创新的动力,而激励某种程度上就是创新的动力;二是用激励来协调创新体系中不同创新主体的关系,是一个较好的分析视角(帕维蒂)。由于众多激励理论均有各自的适用边界(前面已经给予分析),因此完全适合本书研究的理论模型暂时还没有。总体来看,激励理论更多的是针对企业微观的研究,本书力图将科技人才,尤其是企业高层次科技人才的自身发展需要与激励统一起来分析。本书首先分析了西方这些经典激励理论的适用范围和局限性,重点在马斯洛(A. Maslow)的需要层次理论和玛汉·坦姆仆的知识员工激励理论的基础上,依据我国的实际情况,尝试构建本书的理论分析模型。

马斯洛提出了需要层次理论[①],该理论是研究组织激励时应用得最广泛的理论,如图 3.2 所示。马斯洛理论把需要分成生理需要、安全需要、社交需要、尊重需要和自我实现需要五个层次,依次由较低层次到较高层次。生理需要:对食物、水、空气和住房等的需要都是生理需要,这类需要的级别最低;安全需要:安全需要包括对人身安全、生活稳定以及免遭痛苦、威胁或疾病等的需要;社交需要:社交需要包括对友谊、爱情以及隶属关系的需要;当生理需要和安全需要得到满足后,社交需要就会突显出来,进而产生激励作用;尊重需要:尊重

[①]　亚伯拉罕·马斯洛(Abraham Maslow),1908 年 4 月 1 日—1970 年 6 月 8 日,美国人本主义心理学家,提出了需要理论(Need-hiearchy Theory)。

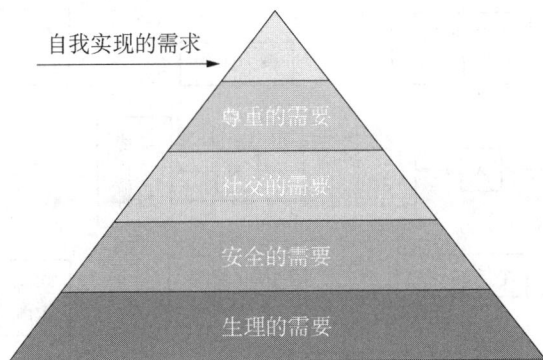

图 3.2　马斯洛的需要层次理论

需要既包括对成就或自我价值的个人感觉,也包括他人对自己的认可与尊重;自我实现需要:自我实现需要的目标是自我实现,或是发挥潜能。达到自我实现境界的人,接受自己也接受他人。从政策制定的角度讲,马斯洛的需要层次理论具有较大的实用性,在实际政策制定中发挥了积极的指导作用。

　　随着知识经济的发展,知识型员工这种新型的工作群体正日益崛起,逐渐成为现代组织的主体。而知识型员工与普通员工的特性有显著差别,因而传统的激励理论在应用到知识型员工时需要针对其特性进行一定的改进。知识管理专家玛汉·坦姆仆(Tampoe)在这方面做出了具有开创性的研究,建立了知识员工的激励模型(见图 3.3)。该模型是在帕特—劳勒的激励模型的基础上发展而来的。该模型认为,业绩决定了报酬并最终获得心理上的成就感,而任务、相关领域的技巧、明确的角色和目标以及得力的组织等是能够导致业绩提升的工具性因素。

　　玛汉·坦姆仆专门针对知识员工的激励问题做了大量研究,得出针对知识员工的四个重要的激励因素排序:①个体成长(33.74%),即存在使个人能够认识到有发挥自己潜能的机会;②工作自主(30.51%),建立一种工作环境,其间知识工作者能够在既定的战略方向和自我考评框架下完成交给他们的任务;③业务成就(28.89%),完成的工作业绩达

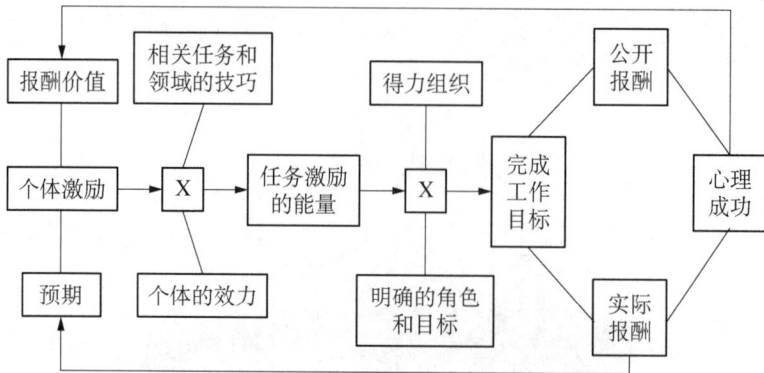

图 3.3　玛汉·坦姆仆知识员工的激励模型

到一种令个人足以自豪的水准和质量水平;④金钱财富(7.07%),获得一份与自己贡献相称的报酬,并使雇员能够分享到自己所创造的财富。可以看出,**对于知识型员工的激励和管理来说,金钱和财富的激励并不是最重要的,而给予他们充分的个人成长空间、弹性的工作方式和调整性的工作任务,以此满足其创造欲、成就欲、尊重欲和自我实现欲才是激发其潜能和实现高知识创新绩效的重要方面。**

在创新要素要向企业集聚,发挥企业的技术创新主体作用的大背景下,本书重点对企业科技人才集聚力以及影响高层次科技人才向企业集聚的影响因素做了分析。从影响因素看,企业内激励是最核心的影响因素,企业规模及投入是控制变量,也对人才向企业集聚产生影响;企业外的各类发展环境,比如人才政策环境、经济(产业)发展环境、生活环境以及文化环境等均是次要的影响因素。

总体来看,对人才的激励是一个多层面、多因素的动态反馈过程,不可能从单一环节的措施和单纯的物质化激励手段来实现,而且基于人的不同特质、偏好和职业发展阶段需要有不同的激励措施。马斯洛的五需要理论和玛汉·坦姆仆知识型员工激励理论都表明,知识创新过程与知识型员工的需要有着其特殊性,因此更须深入研究,找到这些科技人才创新过程中的需要规律。主要体现在以下几个方面:

第一层次,首先要有一定的物质保障。这种物质保障是每个人才到企业工作都应该考虑的问题,也是一个基本的问题,即企业应该为人才缴纳的各类保险(通常指五险一金)、基本工资等。这个层次的需要是人才的基本需要。

第二层次,具有很强的自主性,希望能够获得更好的科研条件的保障。科技人员大多都具有较高学历,受过系统的专业教育,掌握一定的专业知识和技能,且一般都具有较高的个人素质,较强的学习能力、宽阔的知识面和创新性的思维。他们更喜欢自己安排自己的工作事务,强调工作中的自我引导,往往更希望获得一个自主的工作环境,从而能够对各种可能性和创新的想法做最大的尝试。而且通常能力越强,独立自主从事某项活动的意识越强。因而,宽松的工作环境和一定范围的授权对于科技人员来说非常重要。

第三层次,组织激励的期望。除了基本的物质保障外,科技人才在创造了较高的绩效之后,会期望组织提供更高的激励,比如股权激励,领导团队的激励以及各类精神方面的激励。这种激励有利于激发科技人才的创新动力,而且组织激励对于有创新能力的科技人才而言也可以是一种较高的认可。

第四层次,具有强烈的求知欲和能力发展需要,需要沟通交流。科研人才的工作就是学习、应用和开发新的知识,只有不断更新和积累自己的知识,才可能获得真知灼见。这使得科研人才不仅有着很强的自发学习意识,而且也非常看重单位和社会环境所提供的有价值的学习、培训、能力提升以及职业发展机会。同时,为了争取获得更多的上述机会,科研人才往往会有更高的流动倾向、合作和参与的愿望。

第五层次,渴望成就和价值实现,渴望有良好的事业发展前景,并期望得到社会的认可和尊重。拥有丰富知识和卓越能力的科研人才都渴望展现和利用其知识和能力,而且绝大多数科研人才都有着强烈的社会使命感,希望能够为企业发展乃至产业发展做出贡献,内心期待着社会对其能力和价值的认可与尊重。因此，为科研人才营造一个社会尊重的环境，赋予重大的社会使命与责任，给予其能够展现才能的舞台和实现价值的事业平台尤为重要。在很多情况下，事业的成就和社会的评价是对科研人才最有力的激励，其作用往往远胜于金钱、财富等物质性激励。

这五个需要层次中的第三、第四和第五个需要尤其符合科技人员的特点，也是科技人员所应具备的品格和职业素养。由此可见，科技人员拥有比一般人才更高的需要层次，需要更高层次的以社会环境发展与机制建设为基础的激励手段，但这不意味着一般的激励措施不具有重要性。从赫茨伯格的双因素论角度来说，物质激励和社会保障对科技人员来说虽不能构成有效的激励因素，但却是重要的保健因素。如果保健因素问题不解决好，科技人员在不得不为生计而忙碌时是无法有效投入科技创新事业中的。

基于科技人员的特殊属性及其管理过程中面临的激励困难，在学习和借鉴人才激励的相关理论基础上，本书主要是在马斯洛的五需要理论和玛汉·坦姆仆的知识员工激励理论基础上构建的理论分析框架（见图 3.4）。该理论框架结合了科技人员特点和不同需要层次，提

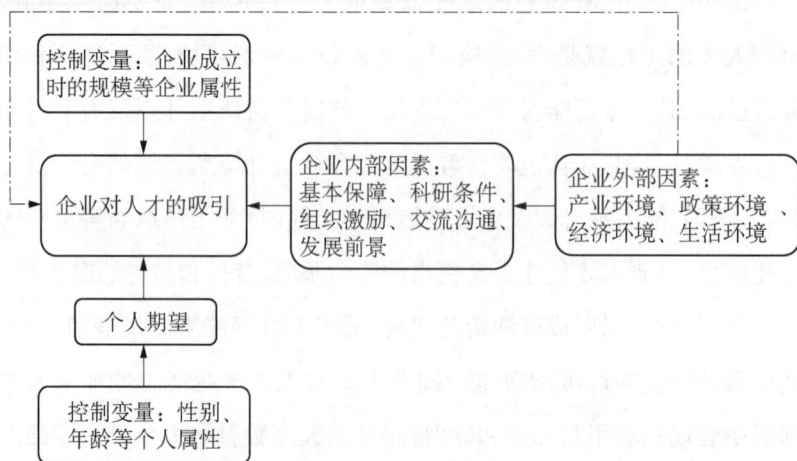

图 3.4　企业高层次科技人才吸引力的影响因素理论模型

出企业内部激励科技人员的因素大致分五个层次：基本保障、科研条件、组织激励、交流沟通、发展平台。

3.1.3 企业高层次科技人才吸引力的界定

国内已有的关于企业科技人才吸引的研究主要是对企业科技人才吸引力建立指标体系进行评价，或对影响因素进行定性分析，或对人才流动及相关影响因素进行研究（王养成，2006；熊坚志和张成义，2002；王小龙，2002）。本书研究的企业高层次科技人才吸引力是指：企业对高层次科技人才是否愿意来工作的吸引程度。

从是否在职的角度看，也可以分为两类。针对在职的科技人才而言，主要是看企业的声誉、人才在企业的工作意愿以及是否愿意长期在企业工作；对于企业外的科技人才而言，主要是能否吸引高层次科技人才来企业工作并愿意长期为企业做贡献。而本书中也谈到了科技人才企业集聚力，这两者之间既有联系又有区别。由于集聚本身更多的体现了一个群体迁移的概念，而吸引则更多的是指个体的流动。

从期限的角度看，企业科技人才吸引力也可以分为长期吸引力和短期吸引力。企业科技人才长期吸引力更多的是指人才愿意在企业长期工作；短期吸引力更多的是指人才愿意来企业工作，但并没有长期打算留在该企业。

从量化测量的角度看，企业科技人才吸引力也可以计算出数值，还可以计算出不同产业的企业科技人才吸引力，本书在这方面做了量化的分析尝试。本书将企业科技人才吸引力分为五个维度：吸引力感知、继续工作意愿、扎根意愿、工作声誉和离职意愿。根据 AMOS 17.0 并通过验证性因子分析可得，企业高层次科技人才吸引力的验证结果为：χ^2 值为 8.52，df 值为 4，χ^2/df 值为 2.12；RMSEA 值为 0.076 7；GFI 值为 0.983，NFI 值为 0.987，IFI 值为 0.993，TLI 值为 0.983，CFI 值为 0.993，均大于 0.9。首先是每个维度根据题项计算出平均值,然后再取各个维度的平均值作为企业对单个人才吸引力的平均值。最后,通过计算不同产业内企业对人才的吸引力得出不同产业内企业科技人才吸引力的平均值。

3.2 假设的提出

3.2.1 企业内部环境与企业高层次科技人才吸引力

赫茨伯格(Herzberg,1966)将工作环境中的外在因素界定为保健因素,包括员工的薪酬、技术指导、人际关系、公司政策和行政管理、工作条件以及工作安全等;将内在因素(激励因素)界定为成就、认可、责任和个人发展等。双因素理论是有边界条件的,比如,有学者认为它针对的是作为组织中的一个成员的个体,而不是针对组织中的群体。此外,还有学者认为双因素理论是针对经理人的,对于基层员工比如薪酬和安全等因素也能够对他们起到激励作用。

美国著名学者罗宾斯(S. P. Robbins)认为,激励是通过高水平的努力实现组织目标的意愿,而这种努力以能够满足个体的某些需要为条件。王重鸣(2000)认为"激励是指推动人朝着一定方向和水平从事某种活动,并在工作中持续努力的动力",这一定义使得激励与动机有更多的相似之处。为此,对于我国企业而言,培养员工的工作动机是激励的一项内容。动机一般被认为是由目标或对象所引导、激发与维持的个体内在心理过程或内部动力,在研究过程中又进一步将其划分为外部动机和内部动机两种。

企业的激励通常包括薪酬、培训机会、领导者魅力、企业核心竞争力等。王瑞旭(2008)通过对浙江和山东的企业科技人才状况进行问卷调查研究后认为,企业科技人才争夺手段中排在前四位的分别是有竞争力的薪酬、培训机会、企业文化、发展空间(见表3.2)。文献中提及的 16 种人才争夺的手段都被两地企业管理者所认识。另外,学者和管理者都认识到有竞争力的薪酬、培训机会、企业文化以及发展空间是争夺科技人才的重要手段,几乎所有的管理者都认同薪酬的重要性。

表 3.2　企业科技人才争夺手段比较

留人措施	期刊样本		浙江样本		山东样本	
	%	排序	%	排序	%	排序
有竞争力的薪酬	56	1	93	1	91	1
培训机会	44	2	78	2	85	2
企业文化	40	3	67	3	85	3
发展空间	40	4	53	4	58	4
员工的情感满足	32	5	23	13	48	8
长期激励	32	6	40	8	41	10
良好的工作环境	24	7	45	7	53	7
企业发展前景	24	8	30	11	31	14
有效的沟通	24	9	8	18	14	18
内部提升	20	10	25	12	56	5
公平的绩效评价	20	11	35	10	37	12
企业领导者的魅力	20	12	15	17	10	21
诱人的福利待遇	16	13	53	5	56	6
挑战性工作	16	14	40	9	17	17
信息分享	12	15	20	15	41	11
施展能力的机会	12	16	22	14	34	13
企业声誉	/	/	50	6	48	9
管理科学化	/	/	17	16	24	15
良好的人际关系	/	/	/	/	20	16
企业的地理位置	/	/	/	/	17	19
稳定的工作	/	/	/	/	14	21
其他(弹性工作制等)	<8	/	<5	/	<3	/

资料来源:王瑞旭.企业间人才争夺——理论与实践[M].北京:北京大学出版社,2004:106.

企业是否具备良好的科研工作条件和环境至关重要。由于科技创新工作有其特殊性,需要进行反复的实验,或者查阅大量的资料,或者进行实地考察,这些实验室、测试剂、数据库等基础条件,是顺利进行科研工作的重要保障。科研活动基础条件,特别是实验室条件等是影响创新型科技人才成长的重要因素。张凯(2003)认为,对于知识型员工的激励而言,一方面需要考虑他们一般具有较强的自我发展的愿望,表现在对自我实现和成就感的追求;另一方面,需要考虑工作绩效与报酬分配的平衡关系。因此,激励知识型员工需要更多地使用发展性资源,例如,培训、工作环境的支持性、晋升的机会等。为了把知识型员工的工作努力引向长远,国内外很多企业都采用了员工持股的激励方式,厂长、经理人员的股票期权制度在西方是有效的经理人员的激励机制。

倪鹏飞(2001)认为,企业文化包括雇主作风、企业家欲望、员工精神三个方面。王军(2009)认为,跨国公司内部对研发资源的竞争也是相当激烈的,但近年来跨国公司在中国研发布局的趋势却日益增强,而且高端的研发项目也日益增多,其主要原因就是中国的科研人才优势。为何同一群人在不同的体制内其创新能力、创新成效表现出很大区别呢? 在对空客北京研发中心的调研中发现,空客北京的研发中心是一个合资机构,其研发人员由中外双方共同派入。中方科研人员在谈到创新激励时深有感触地说:老板对你的每一个设计方案都会给予诚恳的鼓励,公司所营造的"允许失败""尊重劳动成果""鼓励创新"的文化环境是对科技人才最好的激励和奖赏。

企业激励主要包括良好的工作环境、平等发展机会、个人创业机会、成就与晋升、领导力、企业声誉、企业文化、人力资源管理制度、培训和发展体系、有效的沟通、高工资福利、薪酬水平、企业人力资源管理体系的完善程度、升迁制度、弹性工作制等等〔见邓建清、尹涛和周柳(2001);王瑞旭(2008);陈洪浪(2006);利文斯和霍伊(Lievens and Hoye,2005);张正堂(2006);王瑞旭(2008);张正堂(2006)等〕。

基于上述分析,本书提出以下四个假设:

假设1-1:企业内部激励环境与企业高层次科技人才吸引力正

相关；

假设 1-2：组织激励与企业高层次科技人才吸引力正相关；

假设 1-3：科研条件与企业高层次科技人才吸引力正相关；

假设 1-4：发展前景与企业高层次科技人才吸引力正相关。

美国心理学家勒温（K. Lewin）的场论认为，一个人所创造的绩效，不仅与能力和素质有关，而且还与他所处的环境有着密切的关系。如果一个人处于一个不良的环境之中，例如专业不对口、人际关系恶劣、心情不舒畅等，则很难发挥其聪明才智，从而也很难取得应有的绩效。一般而言，个人对环境的改变往往无能为力，只有离开这个环境，转到另外更适宜的环境中去工作，从而产生了人才流动。

企业外部发展环境主要包括产业发展环境、经济发展环境、生活环境、文化环境以及政策环境等。

3.2.2　产业发展环境与企业高层次科技人才吸引力

20 世纪初，西方学者注意到了经济发展中大量存在的产业集聚现象，并将其纳入研究视野中，提出了聚集经济（agglomeration economies）的概念，并对其形成、分类及生产优势作了详尽的分析和经典的论述。韦伯（Webber，1909）从企业的区位选择角度阐明了企业集聚的优势是成本的降低，并把产业集群的产生归结为技术设备的发展、劳动力组织的发展、市场化、减少经常性开支成本四个方面的因素。马歇尔（Marshall，1922）则从新古典经济学角度，通过研究工业组织，表明了企业为追求外部规模经济而集聚的内在动因，同时说明当产业集中在特定的地区时，会出现熟练劳工的市场和先进的附属产业或产生专门化的服务业，强调了企业集聚会引起知识量的增加和技术外溢效应。

90 年代以后，产业集群研究成为一种潮流，大量学者在前人的研究基础上，对产业集群的形成原因、发展机理、推动因素、政策框架等方面展开了更加深入的论述。斯科特(Scott,1992)在关注"第三意大利"中小企业弹性专业化的发展模式的同时,总结了美国硅谷高新技术产业、好莱坞影视产业集群的经验,分析了文化、制度和政府在产业空间聚集中的作用。格兰波尔(Grabher,1993)和库克(Cook,1997)等人将创新理论发展到"区域系统创新"层次上,认为企业的各种创新和周围的制度、习惯、法律、文化等因素是分不开的,企业创新有"路径依赖"的过程,必须和区域内其他行为主体在相互作用中结成网络,和制度、文化等环境进行有效整合,才能持续不断地创新,并认为企业以外的组织或机构(例如政府、培训组织、大学等)在提高区域创新能力方面的作用往往更大。克鲁格曼(Krugrman,1997)从理论上证明了工业活动倾向于空间集聚的一般性趋势,并强调由于外在环境的限制,如贸易保护、地理分割等原因,产业区集聚的空间格局可以是多样的,特殊的历史事件将会在产业区形成的过程中产生巨大的影响力。迪克(M. P. Van Dijk,1999)从内在联系和地区专业化功能的角度将产业集群分为地理位置型集群、市场型集群、劳动分工型集群、创新型集群、多边联系产业区和技术发展极等六个阶段,并分析了每个阶段的内部机制以及地方政府的支持系统与政策取向。波特(Porter,2003)明确了产业集群的概念并在系统地研究了产业集群与竞争优势关系的基础上,提出政府应重视发展产业集群,改善产业集群内的产业环境,完善集群内的基础设施,推动信息、科技、教育、资本、人才等资源与产业集群发展相结合。

20世纪90年代中期,随着浙江地方经济的迅速增长,国内学者开始注意到一种名曰"块状经济"①的经济发展方式并对其展开研究,发现这就是国际上盛行多年的产业集群。我国产业集群受到关注的时

————————

① "块状经济"是费孝通教授在20世纪80年代中期首先提出来的,从严格意义上讲,其不是一个经济学概念。

间虽然较晚,但仍然结合中国国情和改革进程的实际,提出了许多具有建设性的意见和建议,开展了许多创新性工作。仇保兴(1999)用永康保温杯产业集群内信用制度不健全为例,对产业集群发展的不利因素和危害条件做过深刻的研究,特别提出集群过度竞争的"柠檬"问题。徐康宁(2001)详细地分析了产业集群发展的市场环境,论述了产业集群发展与对外开放程度、地区相互封锁的相关性,指出形成有利于要素流动的环境,实际上就是要充分发挥市场在资源配置中的基础性地位,由过去计划经济进一步向市场经济转变,并特别提出地区的经济制度虽然不会对产业集群发挥直接影响,但地方政府的行为却与产业集群发展水平具有高度相关性。王辑慈等(2001)指出,产业集群是指某些(或某一)产业的资本、劳动力、技术和企业家有组织地集中在一起,成长能力非常强,市场发展迅速。集群具有集聚的力量,会吸引区域外的技术、资本和劳动等经济资源向产业集群集中,会进一步增进地区经济实力,必然也会对集群外的企业和组织形成很强的吸引力,相关企业和组织如果有条件一定会向集群地区迁移。文献显示,产业环境方面主要包括产业集群规模、行业发展前景、社会协作网络等因素,对高层次科技人才有一定的影响[见王辑慈(2002);胡蓓(2009);陈洪浪(2006)等]。

胡蓓等(2009)认为,区域经济环境、文化环境、人才引进政策等都通过影响产业集群,进而影响企业,间接地作用于人才吸引力。因此加强宏观层面的区域环境改善,提高微观层面的企业组织的人才吸引力,而产业集群则要发挥中间层次组织的协同作用。

调研中发现,苏州为更好地发展当地经济,近几年在产业结构上进行了大力调整,比如在信息产业方面,原来苏州在集成电路方面主要做测试这一部分,很多企业都从事集成电路测试领域的经营,后来引进了中科院计算所的部分研究中心,这些研究中心和苏州的当地企业形成了良好的合作关系,很快就带动了该产业的高端设计部分,于是一些设计型企业纷纷诞生,因此,产业的集聚和升级对于人才向企业集聚具有很大影响。

为此,本书提出以下两个假设:

假设2-1:产业发展环境与高层次科技人才吸引力正相关;

假设2-2:产业发展环境与企业内部激励环境正相关。

3.2.3　人才政策环境与企业高层次科技人才吸引力

科技人才作为最核心的创新要素要向企业集聚,因此政策要能适当向企业倾斜,则在一定程度上会提高创新绩效,为此科技人才政策应依据科技人才需要制定和实施,这样不仅有助于科技人才向企业流动和集聚,还有助于创新绩效的提升。

人才政策环境方面主要包括股权激励政策、个人所得税政策、户籍政策、研究资助政策、科技人才引进政策、社会保障政策、人事代理政策等,这些政策对于高层次科技人才企业集聚力的影响比较大[见娄伟(2005);查奇芬(2002);马进(2003)等]。有关政策作为人才企业集聚的外部影响因素相关研究相对较少。胡蓓等(2009)在研究产业集群的人才集聚时发现:区域的人才引进政策对人才吸引力度的直接影响很小,但它不仅通过影响产业集群特性,还通过影响企业管理和企业声誉实力,从而间接影响人才吸引力;人才成长支持政策对人才吸引力产生直接影响,而且它对产业集群特性和企业管理也产生影响。

企业科技人才政策与当时的经济、科技发展等都有紧密联系,在宏观政治、经济发展的环境下,科技人才政策的出台、环境的建设都与众多影响因素有着密不可分的关系。企业科技人才的培养不仅仅是为了科技人才自身的发展,更是为了企业的整体发展,为了地区经济社会发展的大目标服务,因此企业科技人才政策的变迁趋势和影响政策制定和实施的因素对于政策的进一步完善有重要的意义。衡量科技人才政策本身的有效性和合理性,关键还是要与该政策出台时期的经济情况、经济发展大环境相关,因为针对企业的科技人才政策是受限于当时的经济社会发展水平的。计划经济时期,我国企业科技人才政策主要侧重在国有企业人事干部的管理和培养使用方面,选拔都是组织来决定,评价标准由组织部门来决定,企业科技人才的流动率很低,科技人才的市场化程度很弱。转轨经济时期,尤其是在1985年科技体制改革实施时,改革的目标是提升科技创新能力,使科学技术成果迅速广泛地用于生产,促进经济和社会发展。针对企业的科技人才政策相对比较灵活,企业科技人才激励政策开始逐步完善起来,从单一的注重精神激励向着物质激励和精神激励共同发展,但此时企业科技人才保障政策并没有完善跟上,这也是科技体制改革过程出现问题的核心原因所在,因为科技与经济的结合需要学术界与社会各方面的共同努力,在社会大环境尚未充分改善之前,尤其是社会保障体系还不健全时,企业和事业单位之间的科技人才流动的基础平台还欠完善。政策性促使科研机构转轨和减少科技资源的投入导致了已积累的科研资源部分流失,流失的科技人才部分进入企业后,因为不了解和熟悉市场,在推动企业创新和产业化方面也没能充分发挥作用。

市场经济时期,伴随着市场经济体制的逐渐建立,企业科技人才的激励政策主要包括个人所得税政策、股权激励政策、特殊人才计划政策等,政府已经出台了多项人才激励政策,与此同时,也在不断地完善人才机制与人才发展环境,并已经由偏于政府主导的激励,向政府激励、市场激励以及科学共同体激励一起共同作用转变,激励的手段逐渐多元化和市场化。全社会的保障体系也将随着经济发展逐步规范,因此社会保障体系的建立和完善将有力促进我国企业科技人才的队伍建设。

综上所述,本书认为,在我国目前这种经济转轨阶段,政府出台的股权激励政策、个人所得税政策、专门针对企业的科技人才计划等总体上对高层次科技人才向企业集聚有正向影响。

为此,本书提出以下两个假设:

假设 3 - 1：科技人才政策与企业高层次科技人才吸引力正相关;

假设 3 - 2：科技人才政策与企业内部激励环境正相关。

3.2.4　经济环境与高层次科技人才企业吸引力

经济环境中主要包括地理区位、经济发展水平、企业经营环境、人才市场环境、创新氛围等因素,这些因素对人才企业集聚有一定的影响[王崇曦、胡蓓(2007);王顺(2004);宋亦平(2007);陈洪浪(2006)等]。

一个地区的经济发展状况是衡量地区实力的根本性标志,也是决定社会人才总体成长的最根本因素。经济发展状况不仅决定着人才资源的数量,而且决定着人才的质量,决定集聚人才所需要的条件。良好的经济发展条件能够促使人尽其才,物尽其用,从而不断满足人才主体的物质利益需要,推动人才主体能动地改造自然和社会。同时,良好的社会经济环境也有利于人才的成长以及吸引和稳定人才。

依据上述分析,本书提出以下两个假设:

假设 4 - 1：经济环境与企业高层次科技人才吸引力正相关;

假设 4 - 2：经济环境与企业内部激励正相关。

3.2.5　生活环境与企业高层次科技人才吸引力

生活环境主要包括居住条件、交通条件、休闲娱乐条件、治安环境、饮食条件、子女教育环境等要素,这些要素对于高层次科技人才向企业集聚起到了间接的促进作用和一定的影响[见胡蓓、周均旭、翁清雄(2009)等]。

良好的生活环境与完善的促进生活水平提高的配套设施不仅是经济发展的基本保障,还可以改善不同区域内的企业科技人才的生活水平和生活质量,成为人才向企业流动和集聚的重要因素之一。胡蓓等(2009)在研究产业集群的人才集聚时发现:生活环境对于人才的吸引力产生重要的直接影响,在区域层面它甚至比经济环境和人才政策的直接影响更显著。我国之前出现的"孔雀东南飞"的现象,就是我国部分西部高层次人才不断地向经济发达的东部省份大规模流动的状况,因为东部省份不仅经济发达,而且在生活环境和各项设施方面都利于人才成长,因为生活环境的完善和丰富是人才流动中的因素之一。从大量文献中可知,生活配套设施主要包括居住、交通、娱乐休闲、教育、治安等方面。近些年由于房价的大幅度飙升,也出现了大城市人才向中型城市回流的现象,就是因为大城市生活成本太高,导致人才生活成本增加,这也会影响当地企业对人才的吸引力。在经济基础上,吸引人才往企业集聚的重要指标是该地区的总体生活环境。一个自然环境优美,道路通畅,居住条件优越,下一代教育环境良好的地区势必具有较强的人才集聚力。

依据上述研究,本书提出以下两个假设:

假设5-1:生活环境与企业高层次科技人才吸引力正相关;

假设5-2:生活环境与企业内部激励正相关。

3.3 企业科技人才吸引力及影响因素的量表设计

3.3.1 企业高层次科技人才吸引力的量表设计

企业科技人才吸引力是将各类科技人才吸引到企业工作的能力。Highhouse等(2003)认为,最直接的组织人才吸引力测量应针对真正申请职位并最终选择它的人。本研究将企业视为组织,以其内部工作科技人才为问卷调研和实地访谈调研的对象。

克鲁格曼(1991)指出,由于历史与偶然因素,某公司在某地干起,在这个地方便产生了对劳动力有巨大吸引力的就业机会、发展机会和较高劳动力要素报酬,而随后由于路径依赖和累积因果效应,劳动市场共享造成了企业和人才的集聚。企业存在强大的人才吸引力,但学者对企业科技人才吸引力的描述基本停留在定性层面,缺乏实证调查和定量分析。本书根据相关文献梳理企业科技人才吸引力的影响因素,依据纵向结构思路,提炼企业科技人才吸引力的指标体系,实地问卷调查和访谈,定量分析比较了产业集群与非企业,以及不同企业在人才吸引上的差异。

在研究组织吸引力时,主要使用吸引力感知、集聚感知、工作意愿、根植意愿、离开意愿等五个问题进行测量(Turban,Rynes,Highhouse,胡蓓等)。为此,本书针对企业科技人才吸引力也主要参考了这五个问题进行测量,具体观测变量则参考了大量相关文献,尤其是比较成熟和广泛使用且证实有可靠的信度和效度的量表。本书量表设计见表 3.3。在设计具体的调研问卷时,参考了胡蓓、周均旭等(2009)的研究方法,将企业对内部科技人才的吸引力划分为吸引力感知、工作意愿、根植意愿、声誉感知和离职意愿。在具体设计时根据该文参考的成熟量表进行了调整,保证量表的效度。吸引力感知、工作意愿和声誉感知参考的是 Highhouse 等(2003)的分析;根植意愿具体参考的是胡蓓和翁清雄(2008)的分析;离职意愿参考的是孙跃(2009)的分析。

表 3.3　关于企业科技人才吸引力的分析量表

	代号	测量因素
企业科技 人才吸引力	A1-1	吸引力感知
	A1-2	企业声誉
	A1-3	根植意愿
	A1-4	工作意愿
	A1-5	流动意愿

3.3.2 企业科技人才吸引力的影响因素测量原则

为了使企业科技人才吸引力的测量更具系统性和完备性,能够更客观地反映事实,本书在对企业科技人才吸引力进行测量时遵循以下原则:

(1)目的性原则。评价指标体系设计的目的包括两方面,把握现有高层次创新型科技人才向企业集聚的状况。对评价结果进行分析,找出目前高层次创新型科技人才向企业集聚的薄弱环节,有利于政府了解人才企业集聚环境的建设状况,将其作为制定相关政策的依据。

(2)科学性原则。科学性原则是设计综合评价指标体系和确保评价结果准确合理的基础。评价指标的内容和含义,应基于区域创新和统计理论,表达上应科学、合理和规范,准确地反映企业技术创新人才集聚力的实际情况。

(3)实用性和可操作性原则。评价指标体系要反映企业科技人才集聚力的水平,为企业创新人才的开发与管理提供科学依据。另外,指标体系的设计要简明扼要、含义科学,既要考虑其分析和综合评价的功能性,还要考虑指标体系的可采集性,符合统计分析、评价与管理的要求,方便操作,便于应用。

(4)可靠性原则。指标数据来源的可靠性是综合评价结果可靠性、评价指标体系可行性的基本保证。评价指标体系不是各项评价指标的简单堆积,而是要尽可能选取具有代表性的评价指标,简洁、准确地表达所涵盖的内容,准确地反映企业科技人才集聚的真实水平。

(5)系统性原则。按照系统性的观点,企业科技人才集聚堪称是一个复杂的系统,不仅仅是企业自身的管理和激励措施对于人才有较强的吸引力,企业所处的产业发展状况,企业所在地理区域的宏观政策、整体创新环境等都对人才向企业集聚有着影响。无论在微观,还是中观、宏观层面都应该系统考虑,从系统的角度考虑影响企业科技人才集聚的因素,这样才能对切实解决人才企业集聚的问题起到咨询作用。

3.3.3 企业自身环境——核心影响因素

邓建清、尹涛和周柳(2001)认为,良好的工作环境、高工资福利、平等发展机会、个人创业机会、成就与晋升等都会影响到人才向企业的流动。王养成(2006)认为,人才观念、绩效考核体系、培训发展体系、薪酬体系等是影响人才向企业流动的因素。利文斯和霍伊(2005)认为,企业声誉和形象、企业规模和实力、企业文化、人力资源管理制度等影响了科技人才向企业的流动。张正堂等(2006)认为,企业的绩效管理制度、薪酬制度、培训和发展体系、升迁制度等影响企业科技人才吸引力(均为正向影响)。陈洪浪(2006)研究认为,在人才向企业集聚方面,内部因素比外部因素多且重要。内部因素包括企业品牌、企业发展前景、薪酬水平、领导力和人力资源管理体的完善程度,其影响程度比外部因素,如地点、当地政策和法规、行业前景、人才市场发达程度等强。在企业争夺人才手段方面,王瑞旭(2008)认为按顺序排列为:有竞争力的薪酬、培训机会、企业文化、发展空间、员工的情感满足、长期激励、良好的工作环境、企业发展前景、有效的沟通、内部提升、公平的绩效评价、企业领导者的魅力、诱人的福利待遇、挑战性工作、信息分享、施展能力的机会、企业声誉、管理科学化、良好的人际关系、企业的地理位置、稳定的工作和其他(弹性工作制等)。

3.3.4 企业外部环境——辅助影响因素

从环境角度而言,主要包括经济环境、产业环境、政策环境、生活环境、文化环境等。美国心理学家勒温(K. Lewin)的场论认为,一个人所创造的绩效,不仅与能力和素质有关,而且还与他所处的环境有着密切的关系。政府行为理论认为,人才在产业之间的转移,在组织之间的流动,都必须遵循市场规律,达到人才有序转移、人才合理流动、人才资源优化配置。但是,仅靠市场的作用还不够充分,政府的作用在保障和促进人才合理流动方面也很重要。一些学者对政府在人才流动、人才资源配置中所扮演角色这一问题进行了研究。有学者提出两种机制运作理论,该理论强调,做到以市场机制为基础,同时也要积极发挥行政机制的作用。

政策环境是环境中很重要的部分之一,尤其是科技人才政策更是关于企业吸引高层次人才的一个重要方面。关于科技人才政策所涵盖的内容,学者娄伟(2003)认为,科技人才政策就是国家机关、政党及其他政治团体为了规范科技人才行为而制定的行为准则,主要目标诉求虽然不仅仅是为了针对科技人才,但含有科技人才的内容,或者是适用于科技人才的准则,主要包括谋略、法令、措施、办法、方法、条例等[①]。本书所研究的企业科技人才政策体系按政策类别分,包括含有企业科技人才内容的科技政策,适用于企业科技人才的专业技术人员政策,科技人才政策,与科技相关的针对企业的其他人事政策等。国际上对科技人力资源的政策研究主要涉及三个方面,包括战略规划与配置政策,教育与培训政策,调动、引进及移民政策。在对科技人力资源存量的分析及相应的政策探讨中,几乎所有学者都关注到了规模和结构两个方面的分析与把握,都普遍强调采取措施扩大科技人力资源的总量,在结构分析方面也尤其注意到鼓励女性参与科技活动,在人口老龄化的背景下扩大青年科技人力资源的数量,并对老龄科技人力资源给予充分利用等政策;对科技人力资源的社会经济人特征的探讨中,对当前全球性的技能短缺问题给予高度关注。但是对于科技人力资源在不同所有制单位中的适度比例探讨较少,比如对产业界、高校、科研院所等不同所有制单位的人员比例配制研究得较少,这与我国国

---

① 娄伟.中国科技人才政策分析.中国人才发展报告 NO2[M].北京:社会科学出版社,2005:49-70.

情有关联,也与数据的可获取性有较大关联。

科技人才激励政策是人才政策中最为重要和最受大家关注的政策。娄伟(2005)在《我国高层次人才激励政策分析》一文中指出:我国科技人才激励政策应建立多样化、市场化、国际化以及菜单化的激励机制,并把激励政策看成一个完整的系统来建构与研究,认为科技人才激励政策对于科技人才的成长有着重要影响。美国行为学家亚当斯(J. S. Adams)1956年提出的公平理论比较适用于科技人才激励政策。目前我国科技人才的激励政策就没有充分体现出这种公平性,一方面是激励政策的实施时间不是很长,有些具体政策落实起来也有滞后性,有些科技人才的收入还不能充分体现他们的贡献。

科技人才流动政策是近些年学者们关注的话题,这与人才市场的逐步完善紧密相关。从国外经验看,有学者认为美国科技人才流动政策的直接来源是殖民地时代以来的移民政策。胡志坚(2005)认为,国外通过采用任期制、专职人员与兼职人员相结合的方式促进人员的流动,国内可以适当借鉴国外好的经验。科技人才保障政策目前国内研究的不是很多,正因为保障政策不完善,才导致了科技人才不能在产、学、研等不同所有制单位之间自由流动,因此我国的科技人才保障政策还需要进一步加强。国外有些国家研究相对多些,具体政策实施的效果也较好,比如北欧的一些国家,如瑞典、芬兰、冰岛等,由于他们是高福利国家,非常重视科技人力资源的开发和培养以及激励保障,因此他们率先步入了世界创新型国家行列。

除科技人才政策外,促进企业创新的金融、税收和财政等政策都是有效激励人才创新的政策之一(宋亦平,2007)。学者认为,鼓励创新的财政金融等政策主要针对企业,对科技人才的激励作用不大,但对企业家的激励作用非常大,对于中小型创新型民营科技企业而言,若干个核心科技骨干共同创业是很普遍的事情,因此针对企业的创新政策,会间接地影响到企业科技人才的创新积极性,激励创业的政策更在某种程度上会鼓励一些高科技人才主动创业。比如税收政策方面,税收的优惠减免等;财政政策方面,包括科技投入、政策采购政策等。除此以外,企业所处的区域的经济、生活、产业发展环境等方面也对人才创新起到以一定程度的辅助作用。

3.3.5　各影响因素的观测变量

在对大量相关研究文献的分析基础上,本书从微观、中观和宏观三个层面,结合访谈调研和专家研讨的形式,得出了企业高层次科技人才吸引力的影响因素的可参考测量指标(见表 3.4)。

表 3.4　高层次科技人才企业集聚的影响因素量表

6个因子		指标	主要参考文献
企业内部激励环境	企业内部激励	良好的工作环境、平等发展机会、个人创业机会、成就与晋升、领导力、企业声誉、企业文化、人力资源管理制度、培训和发展体系、有效的沟通;高工资福利、薪酬水平、企业人力资源管理体系的完善程度、升迁制度、弹性工作制	邓建清、尹涛和周柳(2001);王瑞旭(2008);陈洪浪(2006);Lievens 和 Hoye(2005);张正堂(2006);王瑞旭(2008);张正堂(2006)
企业发展外部环境	人才政策环境	股权激励政策、个人所得税政策、户籍政策、研究资助政策、科技人才引进政策、社会保障政策、人事代理政策	娄伟(2005);查奇芬(2002);马进(2003)
	产业环境	产业集群规模、行业发展前景、社会协作网络	王辑慈(2002);胡蓓(2009);陈洪浪(2006)
	经济环境	地理区位、经济发展水平、企业经营环境、人才市场环境创新氛围	王崇曦、胡蓓(2007);王顺(2004);宋亦平(2007);陈洪浪(2006)
	生活环境	居住条件、交通条件、休闲娱乐条件、治安环境、饮食条件、子女教育环境	胡蓓、周均旭、翁清雄(2009)

资料来源:本书作者根据资料整理。

　　本书研究的控制变量主要是针对个人,比如个人的年龄、性别、学历、职称、个人技术领域、个人所在企业的规模、个人所在企业的所有制结构、个人所在企业的行业声誉等。因为企业的声誉与规模,某种程度上也是吸引人才的一个辅助要素,主要包括企业规模和实力、企业发展前景、企业声誉和形象、产业中的分工等几个方面的要素,这些要素会对高层次科技人才企业集聚有一定的影响,但这种影响是间接的,会对研究结果有一定的控制作用,因此本书将这些作为控制变量[Lievens 和 Hoye(2005);陈洪浪(2006)等]。

　　(1)企业内部环境。本部分依据理论分析,主要从基本保障、科研条件、组织激励、有效沟通、发展前景五个层面去实施激励,激励手段是有助于企业增强人才吸引力的。企业内部激励的测量因素主要包括:基本保障、科研条件、组织激励、有效沟通及发展前景。

　　(2)企业外部环境。主要包括产业发展环境、政策环境、生活环境和经济环境。产业发展环境关注了产业集聚与人才企业集聚的相关性,有关产业集聚与人才集聚的研究相对较多,其中部分涉及产业集聚带动了人才到企业的研究,参考总量表(见表3.4)的设计,本部分主要有四组测量变量(见表3.5):

表 3.5　企业外部环境的测量因素

序号	企业外部因素	测 量 变 量
1	产业发展环境	产业集群规模、行业发展前景、社会协作网络、外资企业在产业中的位置
2	人才政策环境	股权激励政策、个人所得税政策、户籍政策、特殊人才计划、科技人才引进政策、社会保障政策及人才市场环境创新氛围
3	经济环境	地理区位、经济发展水平、企业经营环境、人才市场环境创新氛围
4	生活环境	居住及饮食条件、交通条件、休闲娱乐条件、治安环境、子女教育环境等

　　现有的人才流动和人才集聚的研究大都是从社会学、心理学、人才学、管理学、生态学等角度进行的,为此上一章主要从人才集聚理论、激励理论相互结合的角度分析构建了本书的理论分析框架,本章主要是对企业高层次科技人才吸引力的影响因素分析,并构建企业高层次科技人才吸引力的影响因素模型,在文献分析和调研的基础上提出了 12 个假设。将高层次科技人才这种创新要素如何更好向企业集聚(企业如何吸引和集聚高层次科技人才)作为本书的出发点,旨在有效提升企业的创新能力,促进创新绩效提升,促进技术创新体系的不断完善,这是本书分析的一个主要着力点。

4　研究方法与程序

本章采用实证研究方法，重点进行结构方程的模型构建，并对结构方程的研究方法进行说明，同时对问卷调研和结构方程的分析程序进行阐释。此外，在问卷调研工作的基础上，对问卷进行了修订，形成了正式调研问卷。

4.1　模型构建

结构方程模型应用时主要有三种类型。第一，纯验证型。这是根据吸纳管理论，建立一个单一的模型，利用采集的数据验证假设模型，目的在于考虑拒绝或接受该模型。第二，替代或竞争型。这是根据相关理论提出多个假设模型，利用采集的数据考察这些模型，目的在于从中选择较好的模型。第三，模型发展型。这是根据相关理论提出一初始模型，利用采集的数据检验模型的适用性，目的在于找出理论上和统计上最适合的模型（荣泰生，2009）。无论是哪一种类型的应用，结构方程模型建立后都必须进行评价，才能达到其应用的目的。本书采取的是第一种验证型，即建构企业高层次科技人才吸引力模型，通过问卷收集数据验证研究假设。

在数学上,解释变量与控制变量可以是一回事,但是如果控制变量是调节变量,回归方程在理论上的解释就不一样了。解释变量是解释与被解释变量的因果关系,调节变量则是确定因果关系的边界条件。解释变量与控制变量都是自变量,为了突出研究的问题进行了区分。解释变量是指着重研究的自变量,是研究者重点考查对因变量有何影响的变量;而控制变量是指与特定研究目标无关的非研究变量,即除了研究者重点研究的解释变量和需要测定的因变量之外的变量,是研究者不想研究,但会影响研究结果的,需要加以考虑的变量(荣泰生,2009)。为此,本书在研究企业高层次科技人才吸引力的影响因素时,企业内部的激励等相关变量就是解释变量。企业规模、行业类别、企业类型等虽不是研究重点,但它们也是影响因变量的重要因素,必须进入回归方程,即控制变量。

本书依据理论分析框架,构建了一个结构方程分析的初步理论模型(见图 4.1)。

在文献研究和调研的基础上(第 3 章中已做详细分析),本书共提出 12 个研究假设,具体如下。

假设 1-1:企业内部激励环境与企业高层次科技人才吸引力正相关;

假设 1-2:组织激励与企业高层次科技人才吸引力正相关;

假设 1-3:科研条件平台与企业高层次科技人才吸引力正相关;

假设 1-4:发展前景与企业高层次科技人才吸引力正相关;

假设 2-1:产业发展环境与企业高层次科技人才吸引力正相关;

假设 2-2:产业发展环境与企业内部激励正相关;

假设 3-1:科技人才政策与企业高层次科技人才吸引力正相关;

假设 3-2:科技人才政策与企业内部激励正相关;

假设 4-1:经济环境与企业高层次科技人才吸引力正相关;

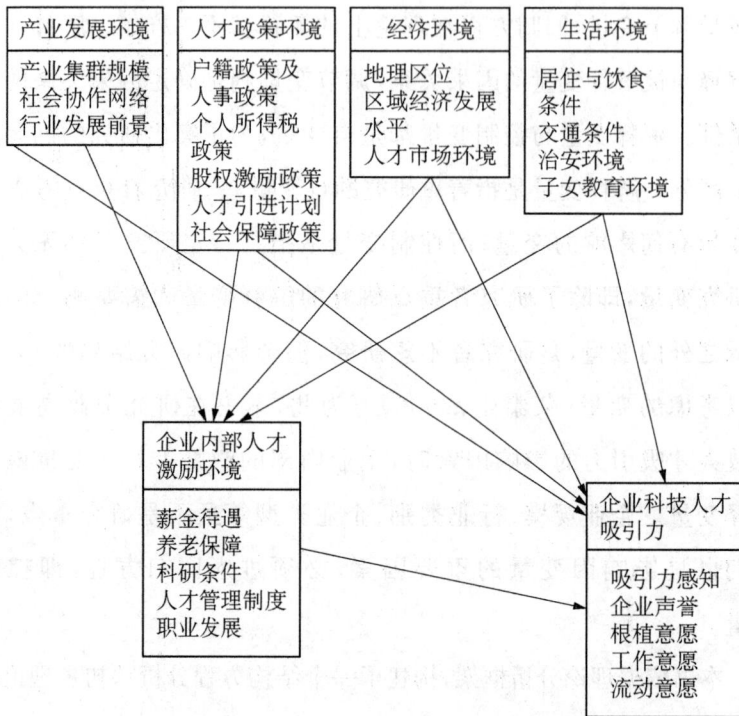

图 4.1 高层次科技人才企业集聚影响因素相互作用模型

假设 4-2：经济环境与企业内部激励正相关；

假设 5-1：生活环境与企业高层次人才吸引力正相关；

假设 5-2：生活环境与企业内部激励正相关。

4.2 问卷调查

通常一个问题在研究的过程中要先进行研究设计，根据组织行为的一种研究设计理念，本书的问卷调查采用了 6W 的设计方式，即 What、Who、How、How many、When、Where，具体解释见表 4.1。

表 4.1 研究设计的 6W

	变量的操作性定义是什么？	操作性定义
What	题项标记（在 SPSS 建文件时所用的标记）是什么？	问卷设计
	问卷题号与设计内容是什么？	
Who	研究的分析单位是谁？	分析单位
	如何搜集初级资料？	资料收集方法
How	如何分析数据？	资料分析
	如何决定受访者	抽样计划——抽样方法
How many	要向多少受访者搜集资料？	抽样计划——样本大小决定
When	何时开始搜集资料？何时结束？	时间跨度
	搜集何时的资料？	
Where	在何处搜集资料？	地点

资料来源：荣泰生. AMOS 与研究方法［M］. 重庆：重庆大学出版社，2009：29.

4.2.1 问卷调查的流程

4.2.1.1 调查问卷设计

依据前面提到的 6w 的研究方式，本书调查问卷的确定分为两步：

第一步，初步问卷调查，即调查目前国内已经在企业工作的高层次科技人才对企业科技人才吸引力和科技人才企业集聚的影响因素的观点。这一阶段不对企业科技人才吸引力的具体评价指标、评价标准以及企业高层次科技人才吸引力的影响因素的重要性和范围进行界定，而是通过被调查者自己根据实践情况和实际感受来进行选择和补充，通过对调查问卷获得的数据的系统分析和整理，进一步获得更为精准的评价企业科技人才吸引力的指标和企业高层次科技人才吸引力的影响因素。根据初步调查问卷的结果，与从事人力资源研究的学者和企业高层次科技人才进行研讨，反复推敲，并对评价企业科技人才吸引力的指标和企业高层次科技人才吸引力的影响因素进行讨论，确定了本部分提出的变量假设。

第二步，正式问卷调查，即根据研究模型设计调查问卷，对评价企业科技人才吸引力的指标和企业高层次科技人才吸引力的影响因素的各测量指标进行调查。依据初步调查得出的结果，对问卷中的每个题目的代表性逐一进行讨论修改，确定正式调查的最终问卷，每个观测变量评价分数采取 Likert 5 级量表，1 代表"最不重要"，5 代表"最重要"，中间的分数表示不同程度的重要性，分数越高表示重要性越强。

问卷还将对被调查者的背景进行调查，背景调查包括被调查者的工作时间、年龄、性别、所在企业的产业领域、被调查者的受教育程度、被调查者的管理职位等，主要采取单选或者多选的方式①。

4.2.1.2　资料收集及样本抽样

在组织行为学与人力资源管理的研究中，通常从个人层面看，涉及性格和态度，应该是由受访者本人来回答；如果涉及工作绩效，则由单位主管提供较好(黄炽森，2010)。因此本书的调查问卷主要针对科技人才个人。初步调查问卷主要发放给 10 家企业的 80 多名高层次科技人才，主要目的是用来确定评价企业科技人才吸引力的指标和企业高层次科技人才吸引力影响因素的基本情况，并作为确定正式调查问卷的基础。

在正式调查问卷阶段，将对北京地区 16 个区县的高新技术企业进行问卷发放，这些高新技术企业覆盖了北京的重点战略新兴产业，每个企业发放 10～20 份，共计发放问卷约 300 份。被调查者或者具备硕士以上学位，或者具有高级职称(即高级工程师)，或者是企业中层科技管理人员，或者是没有高学历和高职称但在企业发展或创

---

① 开放式问题采取答案填写方式，其余则为备选答案选择方式。

新活动中发挥主要作用的人员,符合其中任一条件即可,这几类人能保证完成问卷的质量。主要采取无记名发放方式。为更好地确保问卷回收的数量和质量,本次发放的数量较大,并采取了定期电话沟通的方式,因此可对回收问卷进行有效筛选,从而确保问卷的有效性。

4.2.1.3　数据分析方法

问卷题项的设计根据已有的相关理论、专家咨询和开放式问题等内容,量表采用了 Likert 5 分量表,程度从"完全不符"到"完全符合"。在初试时采取便利取样的方法,回收 62 份,有效问卷 53 份,其中空白题项采取均值的替换方法,保证有效问卷的数量,然后利用 SPSS16.0 进行分析。调查问卷在反复修改和讨论的过程中,不断增加了量表的内容效度和表面效度。对于初步调查问卷获得的数据,本书分析步骤包括项目分析、因子分析、效度分析和信度分析。

第一,项目分析。分析鉴别不同被试者对题项的反映情况,是题项筛选时首先需要考虑的步骤。

第二,探索性因子分析。目的即在找出量表潜在的结构,减少题目的数量,使之成为一组较少而彼此相关较大的变量(吴明隆,2001)。

第三,效度分析。确定该测量工具对所要探讨概念的测量程度,并正确测量出该概念。由于测量的困难,有些只能说明而无法直接测量。

第四,信度分析。分析量表各层面与总量表的信度检验,鉴别量表的可靠性与稳定性。

4.2.2　调查问卷的初步分析结果

4.2.2.1　关于影响因素的问卷分析

1) 项目分析

项目分析的目的是为了判断项目之间的区分度,这种判断通过计算临界比(CR值)进行,如果题项的临界比没有达到显著水平,则表明项目不能鉴别不同被试的反应程度,应将此题目删除。

分析的步骤如下:

① 量表题项的反向计分(量表中如无反向题,此步骤可以省略);

② 求出量表的总分;

③ 量表总分高低排列;

④ 找出高低分组上下27%的分数;

⑤ 依临界分数将观察值在量表中的得分分成高低两组;

⑥ 以独立样本T检验两组在每个题项的差异。

影响因素问卷共计42个题项,每个题项的显著性如表4.2所示。在结果中先看每个题目组别的躯体变异相等性的"F值"检验,如果显著小于0.05,表示两组群体变异数不相等,此时看"方差不相等";如果T值显著,则此项目具有鉴别性。如果"F值"不显著,即F值大于0.05,表示两个组别群体变异数相等,此时看方差假设变异数相等所列的T值,如果此时T值显著,说明此题具有鉴别性。

表4.2　项目分析

序号	方差是否相等	F值	显著性检验	T值	显著性检验
1	方差相等	0.29	0.59	−7.79	0.00
	方差不相等			−7.79	0.00
2	方差相等	0.41	0.53	−5.61	0.00
	方差不相等			−5.61	0.00
3	方差相等	1.04	0.32	−4.54	0.00
	方差不相等			−4.54	0.00
4	方差相等	0.11	0.74	−7.22	0.00
	方差不相等			−7.22	0.00
5	方差相等	29.95	0.00	−2.60	0.01
	方差不相等			−2.60	0.02

（续表）

序号	方差是否相等	F 值	显著性检验	T 值	显著性检验
6	方差相等	2.86	0.10	−1.94	0.06
	方差不相等			−1.94	0.07
7	方差相等	0.44	0.51	−6.01	0.00
	方差不相等			−6.01	0.00
8	方差相等	0.01	0.94	−5.09	0.00
	方差不相等			−5.09	0.00
9	方差相等	1.09	0.30	−7.15	0.00
	方差不相等			−7.15	0.00
10	方差相等	2.55	0.12	−5.00	0.00
	方差不相等			−5.00	0.00
11	方差相等	0.10	0.76	−6.72	0.00
	方差不相等			−6.72	0.00
12	方差相等	1.67	0.21	−7.07	0.00
	方差不相等			−7.07	0.00
13	方差相等	3.93	0.06	−8.36	0.00
	方差不相等			−8.36	0.00
14	方差相等	1.16	0.29	−7.12	0.00
	方差不相等			−7.12	0.00
15	方差相等	0.82	0.37	−7.41	0.00
	方差不相等			−7.41	0.00
16	方差相等	1.00	0.33	−7.57	0.00
	方差不相等			−7.57	0.00
17	方差相等	0.15	0.70	−6.50	0.00
	方差不相等			−6.50	0.00
18	方差相等	3.16	0.09	−6.55	0.00
	方差不相等			−6.55	0.00

(续表)

序号	方差是否相等	F 值	显著性检验	T 值	显著性检验
19	方差相等	0.11	0.74	−9.66	0.00
	方差不相等			−9.66	0.00
20	方差相等	1.00	0.33	−7.65	0.00
	方差不相等			−7.65	0.00
21	方差相等	0.45	0.51	−8.20	0.00
	方差不相等			−8.20	0.00
22	方差相等	3.14	0.09	−4.07	0.00
	方差不相等			−4.07	0.00
23	方差相等	4.13	0.05	−6.85	0.00
	方差不相等			−6.85	0.00
24	方差相等	0.49	0.49	−5.71	0.00
	方差不相等			−5.71	0.00
25	方差相等	4.10	0.05	−4.94	0.00
	方差不相等			−4.94	0.00
26	方差相等	1.84	0.19	−5.42	0.00
	方差不相等			−5.42	0.00
27	方差相等	0.01	0.92	−6.39	0.00
	方差不相等			−6.39	0.00
28	方差相等	2.93	0.10	−7.21	0.00
	方差不相等			−7.21	0.00
29	方差相等	0.07	0.79	−6.86	0.00
	方差不相等			−6.86	0.00
30	方差相等	0.51	0.48	−6.06	0.00
	方差不相等			−6.06	0.00
31	方差相等	0.53	0.47	−6.01	0.00
	方差不相等			−6.01	0.00

（续表）

序号	方差是否相等	F 值	显著性检验	T 值	显著性检验
32	方差相等	0.06	0.80	−4.22	0.00
	方差不相等			−4.22	0.00
33	方差相等	0.35	0.56	−4.56	0.00
	方差不相等			−4.56	0.00
34	方差相等	0.02	0.90	−2.69	0.01
	方差不相等			−2.69	0.01
35	方差相等	0.08	0.77	−4.02	0.00
	方差不相等			−4.02	0.00
36	方差相等	1.46	0.24	−3.50	0.00
	方差不相等			−3.50	0.00
37	方差相等	0.05	0.83	−2.35	0.03
	方差不相等			−2.35	0.03
38	方差相等	1.31	0.26	−3.21	0.00
	方差不相等			−3.21	0.00
39	方差相等	1.48	0.23	−4.31	0.00
	方差不相等			−4.31	0.00
40	方差相等	0.65	0.43	−3.24	0.00
	方差不相等			−3.24	0.00
41	方差相等	0.62	0.44	−3.34	0.00
	方差不相等			−3.34	0.00
42	方差相等	1.48	0.23	−3.29	0.00
	方差不相等			−3.29	0.00

　　通过以上分析可看到，除题目 6 外，其余题项在统计上均达到显著水平，表明除题项 6 外，这些项目具有较高的区分能力，可以予以保留，进入下一步的因素分析程序。

2) 探索性因子分析

在进行探索性因素分析之前，首先要进行 KMO 和 Bartlett 检验。KMO 检验用于检查变量间的偏相关性，取值在 0～1 之间。KMO 统计量越接近于1，说明变量间的偏相关性越强，因素分析的效

表 4.3　KMO 值

球形检验	
KMO	0.585 237 4
卡方值	1 761.798 3
自由度	741
显著性	7.437E - 85

果就越好，大于 0.5 说明适合进行因子分析。该量表的 KMO 值如表 4.3 所示为 0.59，大于 0.5 分，表明适合进行探索性因子分析。Bartlett 球形检验的扩值达到显著性水平，说明该量表适合进行探索性因素分析。

变量共同度(Communalities)是表示各变量中所含原始信息能被提取的公因子所表示的程度，由表 4.4 可知，大部分变量的共同度在 60% 以上，因此提取公因子对各变量的解释能力是较强的。

表 4.4　变量共同度

项目	初始	提取	项目	初始	提取	项目	初始	提取
1	1	0.742 239 6	15	1	0.832 835 9	29	1	0.764 205
2	1	0.833 358	16	1	0.812 472 2	30	1	0.816 322 6
3	1	0.589 301 2	17	1	0.829 469 4	31	1	0.824 456 2
4	1	0.790 324 5	18	1	0.785 950 1	32	1	0.812 007 1
5	1	0.512 674	19	1	0.791 316 3	33	1	0.879 404 3
6	1	0.795 324 4	20	1	0.779 601 3	34	1	0.796 388 2
7	1	0.641 906 6	21	1	0.776 057 4	35	1	0.879 269 6
8	1	0.727 228 2	22	1	0.738 530 5	36	1	0.888 238 8
9	1	0.811 058 7	23	1	0.834 756	37	1	0.754 204 9
10	1	0.764 385 9	24	1	0.749 654 9	38	1	0.553 938 1
11	1	0.741 644 6	25	1	0.696 771 1	39	1	0.804 212 4
12	1	0.619 634 8	26	1	0.845 863 4	40	1	0.864 799 3
13	1	0.788 749 2	27	1	0.827 224 8	41	1	0.906 700 3
14	1	0.702 682 6	28	1	0.837 448 2	42	1	0.817 067 0

碎石图(Scree Plot)用于显示各因素的重要程度,横轴为因素序号(component number),纵轴表示特征根的大小(eigenvalue),它依次排列,从中可以非常直观地了解到哪些是最主要的因素。对碎石图进行观察,第六个因素以后的数据明显呈现出平缓的趋势。故结合表4.5和图4.2,决定提取6个因素,累计可以解释总体变异的71.80%。

表 4.5　因素分析结果一

主成分	初始特征值			平方和负荷量提取		
	合计	变动的百分比(%)	积累的百分比(%)	合计	变动的百分比(%)	积累的百分比(%)
1	16.78	40.92	40.92	16.78	40.92	40.92
2	4.02	9.80	50.72	4.02	9.80	50.72
3	2.96	7.22	57.94	2.96	7.22	57.94
4	2.36	5.75	63.68	2.36	5.75	63.68
5	1.72	4.20	67.88	1.72	4.20	67.88
6	1.61	3.92	71.80	1.61	3.92	71.80
7	1.20	2.94	74.74			
8	1.10	2.68	77.42			
9	0.98	2.39	79.81			
10	0.84	2.06	81.87			
11	0.69	1.69	83.55			
12	0.67	1.63	85.18			
13	0.61	1.49	86.67			
14	0.57	1.39	88.07			
15	0.53	1.28	89.35			
16	0.46	1.13	90.48			
17	0.46	1.12	91.60			
18	0.38	0.93	92.53			
19	0.35	0.86	93.39			
20	0.34	0.82	94.22			
21	0.28	0.69	94.91			
22	0.27	0.65	95.57			
23	0.24	0.59	96.16			
24	0.23	0.55	96.71			
25	0.21	0.51	97.22			

（续表）

主成分	初始特征值			平方和负荷量提取		
	合计	变动的百分比（%）	积累的百分比（%）	合计	变动的百分比（%）	积累的百分比（%）
26	0.19	0.46	97.69			
27	0.16	0.38	98.07			
28	0.14	0.35	98.42			
29	0.13	0.32	98.73			
30	0.09	0.22	98.96			
31	0.08	0.19	99.15			
32	0.07	0.16	99.31			
33	0.06	0.14	99.46			
34	0.05	0.12	99.58			
35	0.04	0.11	99.69			
36	0.04	0.09	99.77			
37	0.03	0.08	99.85			
38	0.02	0.06	99.91			
39	0.02	0.05	99.96			
40	0.01	0.03	99.99			
41	0.01	0.01	100.00			

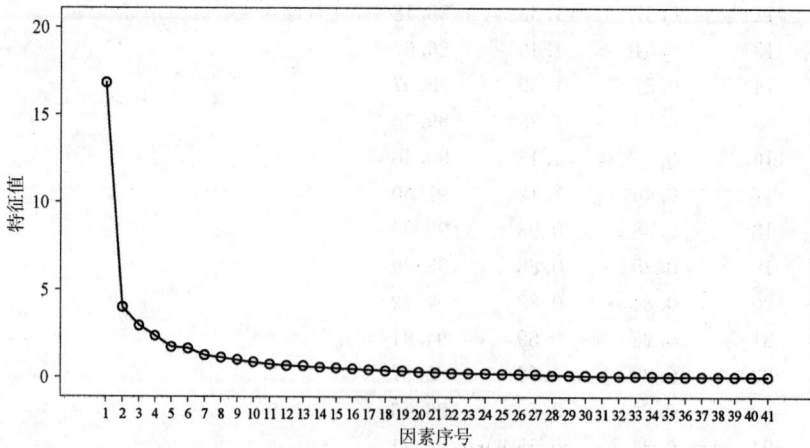

图 4.2　主成分提取的"碎石图"

根据转轴后的因素矩阵(见表 4.6),所有题项的因子载荷在某个因素中均大于 0.3,且区分度明显。然而在因素 5 中,除题项 22 的因子载荷符号为负以外,其余题项的均为正,说明题项 22 与该因素不符,因此将其删除。

表 4.6　转轴后的因素矩阵

	1	2	3	4	5	6
14	0.84	0.21	0.12	0.10	0.02	−0.01
10	0.81	0.03	−0.01	0.00	−0.04	0.03
18	0.79	0.32	0.01	−0.04	0.15	−0.19
11	0.79	0.10	0.02	0.09	0.14	0.24
7	0.79	0.22	0.14	0.06	−0.09	0.07
12	0.79	0.15	−0.01	0.12	0.01	0.19
21	0.78	0.24	0.21	0.14	0.08	0.02
17	0.77	0.32	0.01	−0.03	0.30	0.01
16	0.77	0.23	0.12	0.04	0.38	0.01
8	0.73	0.16	0.21	−0.08	−0.01	0.17
15	0.72	0.24	0.17	0.20	0.21	0.08
19	0.72	0.35	0.25	−0.01	0.24	0.09
4	0.72	0.11	−0.07	−0.02	0.26	0.39
13	0.71	0.20	0.14	0.20	0.08	0.11
20	0.71	0.20	0.36	0.22	0.02	0.06
9	0.67	0.24	0.20	0.11	−0.20	0.27
1	0.57	0.31	0.14	0.22	0.08	0.01
27	0.28	0.79	0.12	0.18	0.03	0.05
26	0.26	0.75	0.08	0.14	−0.06	0.09
30	0.39	0.72	0.21	0.14	−0.01	0.11
29	0.44	0.68	0.27	0.13	−0.10	0.20
31	0.46	0.68	0.12	0.21	0.07	−0.03
28	0.32	0.60	0.09	0.03	−0.03	0.54
41	0.03	0.25	0.86	0.08	0.08	0.07
42	−0.02	0.35	0.83	−0.06	0.27	0.15
40	0.17	0.00	0.81	0.16	0.07	0.07
25	0.47	0.14	0.60	0.07	0.10	0.13
24	0.54	−0.07	0.54	0.25	0.01	0.05
34	−0.09	0.12	0.07	0.90	0.14	0.06

（续表）

	1	2	3	4	5	6
33	0.11	0.14	0.13	0.79	0.20	0.21
35	0.06	0.39	−0.12	0.68	0.30	0.25
32	0.24	0.28	0.17	0.66	0.19	−0.07
23	0.50	0.03	0.40	0.54	−0.16	−0.09
38	0.16	0.04	0.13	0.21	0.80	−0.08
37	0.18	−0.19	0.14	0.44	0.75	−0.09
36	0.20	−0.10	0.23	0.48	0.73	0.05
22	0.44	0.10	0.33	0.24	−0.51	−0.11
39	0.34	0.21	0.34	0.12	0.49	0.03
2	0.48	−0.06	0.04	0.08	0.08	0.76
5	−0.05	0.17	0.19	0.12	−0.04	0.64
3	0.37	0.34	0.08	0.12	−0.19	0.46

3）效度分析

本书所用的量表是通过大量的文献分析、充分的访谈和开放式问卷调查以及专业人员评判的过程得到的，另外，在正式问卷形成过程中，运用了科学的分析方法，并征求了部分专家的意见，保证问卷能够反映影响人才集聚因素的基本情况，所以具有较高的内容效度。

问卷的结构效度常用探索性因素分析来计算，问卷调整后，累计方差解释率达到 72.37%（见表 4.7），同时每个因素的各项目之间有较大的相关性，各因素之间又相对独立，因此问卷具有良好的结构效度。

表 4.7　因素分析结果二

主成分	初始特征值			平方和负荷量提取		
	合计	变动的百分比（%）	积累的百分比（%）	合计	变动的百分比（%）	积累的百分比（%）
1	16.58	41.45	41.45	11.68	29.20	29.20
2	3.99	9.97	51.43	4.61	11.52	40.72

（续表）

主成分	初始特征值			平方和负荷量提取		
	合计	变动的百分比（%）	积累的百分比（%）	合计	变动的百分比（%）	积累的百分比（%）
3	2.91	7.29	58.71	3.72	9.30	50.02
4	2.33	5.82	64.53	3.40	8.49	58.51
5	1.65	4.12	68.64	3.33	8.33	66.84
6	1.49	3.73	72.37	2.21	5.53	72.37
7	1.20	3.01	75.38			
8	1.01	2.52	77.90			
9	0.95	2.37	80.27			
10	0.79	1.98	82.25			
11	0.69	1.73	83.98			
12	0.63	1.57	85.55			
13	0.60	1.50	87.05			
14	0.57	1.41	88.46			
15	0.51	1.26	89.72			
16	0.46	1.16	90.88			
17	0.41	1.02	91.90			
18	0.37	0.92	92.82			
19	0.35	0.88	93.70			
20	0.31	0.77	94.48			
21	0.28	0.70	95.18			
22	0.27	0.67	95.85			
23	0.23	0.57	96.42			
24	0.22	0.54	96.96			
25	0.20	0.49	97.44			
26	0.18	0.44	97.89			
27	0.14	0.36	98.25			
28	0.14	0.34	98.59			
29	0.09	0.23	98.82			
30	0.09	0.21	99.03			
31	0.07	0.17	99.20			
32	0.07	0.16	99.37			
33	0.06	0.14	99.51			
34	0.05	0.12	99.63			
35	0.04	0.10	99.73			

（续表）

主成分	初始特征值			平方和负荷量提取		
	合计	变动的百分比（%）	积累的百分比（%）	合计	变动的百分比（%）	积累的百分比（%）
36	0.04	0.09	99.82			
37	0.03	0.07	99.89			
38	0.02	0.06	99.95			
39	0.02	0.04	99.99			
40	0.01	0.01	100.00			

4）信度分析

信度是指测试方法测量出的所要测量内容的程度，即它在多大程度上能测量出要测量的内容，可以从同质信度和重测信度两方面来确定。

同质信度可用来测量问卷的内部一致性，这里说的一致性是分数的一致，而不是题目内容或形式的一致。本书采用克朗巴哈（Cronbach）的 a 系数法来估量量表的一致性，这种方法几乎被应用于所有的信度分析中。克朗巴哈利用各题得分的方差、协方差矩阵，或相关系数的矩阵来计算同质性，得出唯一的信度系数，所得克朗巴哈值的 a 系数越高，则代表其测验的内容越趋于一致。利用 SPSS 统计软件计算得知，克朗巴哈值的 a 系数为 0.96，表明影响因素量表具有良好的内部一致性。

4.2.2.2　关于企业高层次科技人才吸引力量表的分析

本部分对企业高层次科技人才吸引力量表进行设计，步骤同样分为四步：第一步项目分析，第二步探索性因子分析，第三部效度分析，最后一步为信度分析。

1）项目分析

吸引力量表项目分析的步骤与影响因素量表分析步骤一样，表

4.8 为分成两组的独立样本 T 检验情况。

表 4.8　独立样本 T 检验

	方差是否相等	F 值	显著性检验	T 值	显著性检验
1	方差相等	2.59	0.11	−5.63	0.00
	方差不相等			−6.97	0.00
2	方差相等	4.27	0.04	−6.99	0.00
	方差不相等			−9.05	0.00
3	方差相等	0.32	0.57	−7.55	0.00
	方差不相等			−8.89	0.00
4	方差相等	16.74	0.00	−6.27	0.00
	方差不相等			−8.35	0.00
5	方差相等	0.79	0.38	−5.47	0.00
	方差不相等			−6.28	0.00
6	方差相等	1.08	0.30	−7.36	0.00
	方差不相等			−6.76	0.00
7	方差相等	2.33	0.13	−10.51	0.00
	方差不相等			−12.93	0.00
8	方差相等	3.52	0.07	−10.07	0.00
	方差不相等			−12.51	0.00
9	方差相等	6.99	0.01	−8.91	0.00
	方差不相等			−12.49	0.00
10	方差相等	22.14	0.00	−8.96	0.00
	方差不相等			−12.33	0.00
11	方差相等	16.23	0.00	−6.55	0.00
	方差不相等			−8.72	0.00
12	方差相等	0.01	0.91	−5.68	0.00
	方差不相等			−6.10	0.00

（续表）

	方差是否相等	F 值	显著性检验	T 值	显著性检验
13	方差相等	5.86	0.02	−3.89	0.00
	方差不相等			−5.37	0.00
14	方差相等	2.71	0.11	−1.87	0.07
	方差不相等			−2.07	0.05
15	方差相等	4.28	0.04	−2.83	0.01
	方差不相等			−3.02	0.01

从表 4.8 中可看出，第 14 题项在统计上不显著，故应当删除。其余的均显著，因此可以进入下一步的探索性因子分析。

2）探索性因子分析

利用 SPSS 统计软件对企业高层次科技人才吸引力量表进行探索性因子分析，KMO 的值为 0.89，大于 0.5，表明适合进行因子分析，抽取主成分。同时卡方值也显著（见表 4.9）。通过提取主成分，共提取出两个特征值大于 1 的主要因素，累积解释率为 73.60%（见表 4.10）。

表 4.9　KMO 值

KMO	0.89
卡方值	756.29
自由度	91.00
显著性	0.00

表 4.10　吸引力量表的特征值、因素的解释率和累积解释率

主成分	初始特征值			平方和负荷量提取		
	合计	变动的百分比（%）	积累的百分比（%）	合计	变动的百分比（%）	积累的百分比（%）
1	9.24	66.03	66.03	9.24	66.03	66.03
2	1.06	7.57	73.60	1.06	7.57	73.60
3	0.96	6.82	80.43			
4	0.50	3.54	83.97			

（续表）

主成分	初始特征值			平方和负荷量提取		
	合计	变动的百分比（%）	积累的百分比（%）	合计	变动的百分比（%）	积累的百分比（%）
5	0.48	3.46	87.43			
6	0.42	3.00	90.43			
7	0.38	2.71	93.15			
8	0.27	1.91	95.06			
9	0.21	1.50	96.56			
10	0.18	1.31	97.87			
11	0.13	0.91	98.78			
12	0.09	0.65	99.44			
13	0.05	0.37	99.81			
14	0.03	0.19	100.00			

通过表 4.10 可以看到，题项 1～12 构成一个因素，且每个题项的因子载荷均大于 0.5，而第二个因素包含 13、15 两个题项，但考虑到这个因素层面所涵盖的题项内容少，同时在回答时被测人员倾向于趋利避害，会选择假答案，因此将该因素层面删除。而且本研究考察的是企业科技人才的集聚和吸引力，因此强调的是在职的状态，所以删除离职意愿并不会对企业科技人才吸引力分析产生大的影响。

表 4.11　因素分析结果一

主成分	1	2
5	0.845 659 6	
6	0.829 717 5	0.120 810 4
4	0.820 952 4	0.133 015 7
2	0.766 216 8	0.504 754 2
10	0.761 730 9	0.542 054 8
9	0.752 687 2	0.425 971 2
7	0.737 356	0.555 892 4
8	0.728 594 1	0.554 957 6
12	0.711 597 6	0.386 809 6

（续表）

主成分	1	2
3	0.686 802 8	0.593 395 7
11	0.621 073 1	0.610 428
1	0.613 258 6	0.596 842 6
13	0.208 082 8	0.823 871
15		0.586 047 2

删除题项 13、15 后再次进行主成分分析，得到的 KMO 值为 0.894，方差的累积解释率为 72.48%，均达到要求。

3）效度分析

企业科技人才吸引力量表的题项设计是建立在已有的相关文献和专家访问的基础上的，经过多次讨论和修改，保证了量表的内容效度，同时通过上面的探索性因子分析，方差的累计解释率达到了 72.48%，表明了该量表具有良好的结构效度。总而言之，企业科技人才吸引力量表具有很好的效度结果。

4）信度分析

在效度分析的基础上，对量表进行信度分析。信度分析的结果如表 4.11 所示，克朗巴哈值的 a 系数为 0.96，大于 0.9，表明企业科技人才吸引力量表具有非常好的内部信度。

经过项目分析、探索性因子分析、效度分析和信度分析以后，本书所采用的调查问卷内部一致性比较高，适合用于研究，最终形成的正式调查问卷见附录。

本章重点构建了企业高层次科技人才吸引力的影响因素分析模型，交代了本书采用的结构方程的研究方法以及具体分析程序，并采用调查问卷预调研方法，发放了 80 余份调查问卷，通过问卷的初步分析，得出了初步分析结果。经过一系列分析，笔者认为本问卷适合用于研究，在对部分问项进行修改后，最终形成了正式的调查问卷。

5 数据分析与结果

本章通过发放和回收正式调查问卷,采用结构方程方法对问卷进行了规范分析,并对控制变量及各变量的相关性等进行了分析,对结构方程和假设做了验证,最后对结论做了阐释。

5.1 正式问卷的数据来源

在大部分情况下,组织行为学与人力资源管理的研究都无法做到完全的随机抽样,应尽量避免太随意的抽样,尽可能有一个抽样的框架(sampling frame)或者抽样的标准。在样本选择时尽可能地考虑发放的区县、产业、企业类型、性别、职称、学历等的差异,并尽可能地按照当地经济发展的实际状况去做问卷发放的数量配比,对此,在控制变量分析部分将有详细的说明。由于样本抽取的原因,采用不记名和非现场回收的方式,会出现问卷回应率较低的问题,为此,本书主要采取集中精力追踪一小部分没有回应者,采取打电话跟踪或者找熟人咨询进行问卷的回收。

正式问卷于 2010 年 8 月 15 日开始发放,并于 9 月 3 日全部回收结束。共发放 300 份,回收 220 份,回收率为 73.3%。问卷回收后,剔除无效问卷的准则主要有两个：一是填答缺漏太多的问卷；二是受测者没有认真填写的问卷。剔除无效问卷后，有效问卷为 193 份，有效问卷率为 64.3%。

5.2　问卷分析的步骤

首先是样本的基本情况描述，从性别、年龄等人员个体属性和企业成立时间和销售收入等企业基本属性分布情况进行介绍。

其次是统计分析部分。统计分析共分为五步：

第一步，对 5 个变量进行验证性因子分析（CFA），检验变量的构建效度，并判断变量间的区分效度，对整体模型的构建效度进行检验。

第二步，对问卷各部分进行信度分析，计算和检验各变量的 a 系数。

第三步，通过独立样本 T 检验和方差分析的方法，研究员工的人口统计变量和公司基本情况对各变量的影响。

第四步，检验测度变量的预测效度，计算变量间的皮尔逊（Pearson）相关系数，初步判断假设关系的显著性。

第五步，运用 AMOS 软件对经验数据与前面假设的理论模型的拟合情况进行检验。

5.3　研究样本基本描述

5.3.1　研究样本的基本描述

样本分布的基本情况通过调查样本的性别、年龄、学历、职称和管理级别，所在单位成立的时间、销售收入、员工数量、所属技术领域和性质,以及进入企业的途径和未来打算更换的工作去向等控制变量获得。

(1)性别。从性别分布看,被调查的高层次科技人才中男性占到62%,总计120人;而女性占到38%,总计73人(见表5.1)。

表5.1 性别分布表

	频次	比例(%)
男	120	62.18
女	73	37.82
合计	193	100

(2)年龄。在调查过程中,本书将被调查者年龄划分为20～30岁、31～40岁、41～50岁和51～60岁四个段,人数分别为81人、91人、18人和3人,所占有效问卷总数的比例为42%、47%、9%和2%。总体来看,20～40岁的科技人才占了大部分(见表5.2)。

表5.2 年龄分布

	频次	比例(%)
20～30岁	81	41.97
31～40岁	91	47.15
41～50岁	18	9.33
51～60岁	3	1.55
合计	193	100

(3)学历。根据学历分布情况,被调查者中本科以下的15人,占有效问卷总数的8%;本科学历的85人,占总数的44%;硕士学位的73人,占总数的38%;博士学位的20人,占总数的10.36%。总体来看,本科及本科以上学历的占92%以上,基本符合本书研究的科技人才层次要求(见表5.3)。

表 5.3　学历分布

	频次	比例(%)
本科以下	15	7.77
本科	85	44.04
硕士	73	37.82
博士	20	10.36
合计	193	100

（4）职称。在被调查的对象中,无职称的 98 人,占总数的 51%（说明企业中职称的评定不是衡量科技人才的主要标准,这与企业的职称评定社会化有很大关系,而且科技人才的薪酬待遇与职称基本是不挂钩的）;中级职称的 66 人,占总数的 34%;副高级职称的 27 人,占总数的 14%;高级职称的 2 人,占总数的 1%（见表 5.4）。

表 5.4　职称分布

	频次	比例(%)
无	98	50.78
中级	66	34.20
副高级	27	13.99
高级	2	1.04
合计	193	100

（5）管理级别。在被调查对象中,不具有管理级别的 80 人,占总数的 41%;中层管理人员 89 人,占总数的 46%;副总经理 17 人,占总数的 9%;总经理 7 人,占总数的 4%（见表 5.5）。

表 5.5　管理级别分布

	频次	比例(%)
无	80	41.45
中层管理	89	46.11

（续表）

	频次	比例（%）
副总经理	17	8.81
总经理	7	3.63
合计	193	100

　　（6）企业成立时间。被调查者（有 1 份未填写，故共 192 份）在成立 5 年以下企业工作的人数为 10 人，占总数的 5%；在成立 5～10 年企业工作的人数为 40 人，占总数的 21%；在成立 11～15 年企业工作的人数为 49 人，占总数的 26%；在成立 16～20 年企业工作的人数为 33 人，占总数的 17%；在成立 20 年以上企业工作的人数为 60 人，占总数的 31%。总体来看，95% 左右的企业均处于发展成长期，说明企业的创新活动是比较成熟的（见表 5.6）。

表 5.6　企业成立时间分布

	频次	比例（%）
5 年以下	10	5.21
5～10 年	40	20.83
11～15 年	49	25.52
16～20 年	33	17.19
20 年以上	60	31.25
合计	192	100

　　（7）2009 年企业销售收入。被调查者（有 7 份未填写，故共 186 份）中，在销售收入 1 000 万元以下企业工作的 29 人，占总数的 16%；在销售收入 1 000 万～3 000 万元企业工作的 28 人，占总数的 28%；在销售收入 3 000 万～3 亿元企业工作的 75 人，占总数的 40%；在销售收入 3 亿元以上企业工作的 54 人，占总数的 29%。总体来看，本次问卷发放的企业范围中大中型企业比较多（见表 5.7）。

表 5.7　2009 年企业销售收入分布

	频次	比例（%）
1 000 万以下	29	15.59
1 000 万～3 000 万	28	15.05
3 000 万～3 亿元	75	40.32
3 亿元以上	54	29.03
合计	186	100

（8）企业人员数。被调查者（有 2 个未填写，故共 191 份）在 100 人以下企业工作的人数为 31 人，占总数的 16%（说明问卷发放的小企业占比较少）；在 100～500 人企业工作的人数为 76 人，占总数的 40%；在 501～2 000 人企业工作的人数为 70 人，占总数的 37%；在 2 000 人以上企业工作的人数为 14 人，占总数的 7.33%（见表 5.8）。

表 5.8　企业人员数分布

人数	频次	比例（%）
100 人以下	31	16.23
100～500	76	39.79
501～2 000	70	36.65
2 000 人以上	14	7.33
合计	191	100

（9）产业。在被调查者（有 7 份未填写，故共 186 份）中，从事电子信息技术的 77 人，占总数的 41%；从事生物与新医药技术的 17 人，占总数的 9%；从事新材料技术的 19 人，占总数的 13%；从事高技术服务业的 24 人，占总数的 13%；从事新能源及节能技术的 12 人，占总数的 12%；从事资源与环境技术的 7 人，占总数的 4%；从事高新技术改造传统产业的 20 人，占总数的 11%；从事其他产业包括咨询业和金融业等的 7 人，占总数的 5%。总体来看，电子信息技术、生物医药、新材

料和高技术服务业是本次问卷调查中相对较多的产业技术人群,这与北京产业的发展比例也有一定的吻合度,说明抽样的效果较理想(见表5.9)。

表5.9 产业分布

	频次	比例(%)
电子信息技术	77	41.40
生物与新医药技术	17	9.14
新材料技术	19	10.22
高技术服务业	24	12.90
新能源及节能技术	12	6.45
资源与环境技术	7	3.76
高新技术改造传统产业	20	10.75
其他产业	10	5.38
合计	186	100

(10)地区。在有效问卷中,有4份未填写企业所在区域,因此被调查者总数为189人。发放问卷时针对的是北京市,被调查对象主要分布在海淀区、平谷县、大兴区、怀柔区和顺义区,分别为61人、21人、18人、17人和17人,分别占总数的32%、13%、10%、9%和9%。其余被调查对象分布在东城区、西城区、朝阳区等(见表5.10)。

表5.10 地区分布

	频次	比例(%)
朝阳区	8	4.23
大兴区	18	9.52
东城区	14	7.41
丰台区	1	0.53
海淀区	61	32.28
怀柔区	17	8.99
平谷县	24	12.70

（续表）

	频次	比例（%）
石景山区	15	7.94
顺义区	17	8.99
通州区	1	0.53
西城区	13	6.88
合计	189	100

（11）企业类型。被调查对象（有 1 份未填写，因此共 192 份）主要分布在国有企业和民营企业。属于国有企业的 79 人，占总数的 41%；属于民营企业的 87 人，占总数的 45%；其余企业类型还包括外资企业、合资企业等，占总数的 13%（见表 5.11）。

表 5.11　企业类型分布

	频率	比例（%）
国有企业	79	41.15
外资企业	10	5.21
民营企业	87	45.31
合资企业	3	1.56
其他	13	6.77
合计	192	100

（12）招聘渠道。被调查对象（有 1 人未填写，故共 192 人）主要是通过招聘单位网站和经人介绍两种途径进入公司，人数分别为 88 人和 50 人，占总数的 45% 和 26%。中介平台和其他渠道分别为 13 人和 41 人，占总数的 7% 和 21%（见表 5.12）。

表 5.12　招聘渠道分布

	频率	比例（%）
经人介绍	50	26.04
招聘单位网站	88	45.83
中介平台	13	6.77

（续表）

	频率	比例（%）
其他	41	21.35
合计	192	100

（13）未来就业方向。由于在问卷填写过程中并未要求仅选择一项，在统计的过程中，根据一项选中的次数进行合计。在未来的就业方向上，被调查者更倾向于国有企业和自主创业两种形式，人数分别为 51 人和 55 人，共占总数的 44%；政府部门和事业单位构成了第二部分，人数分别为 30 人和 28 人，占总数的 24%；进入高校、民营企业和出国成为第三部分，人数分别为 20 人、20 人和 19 人，占总数的 17%（见表 5.13）。

表 5.13 未来就业方向

	频率	比例（%）
高校	20	8.40
科研院所	11	4.62
国有企业	51	21.43
事业单位	28	11.76
政府部门	30	12.61
创业	55	23.11
出国	19	7.98
民营企业	20	8.40
其他	4	1.68
合计	238	100

5.3.2 建构效度与信度分析

5.3.2.1 建构效度

本部分将采用结构方程分析中的验证性因子分析（confirmatory

factor analysis，CFA)对变量和模型的建构效度进行检验。建构效度是指测量工具能够在多大程度上正确地验证编制时的理论构想，可以分为两种：收敛效度(convergence)与区别效度(discriminant)。收敛效度是指相同概念里的项目，彼此之间相关度高；区别效度是指不同概念里的项目，彼此相关度低。

进行本次分析的计算机软件是 AMOS 17.0 版，在模型拟合程度评定上，按照国际惯例使用以下指标：

① χ^2 (Minimum Fit Function Chi-Square，最小拟合函数卡方检定)，可以用来恰当地反映模型的拟合优度，主要用于比较多个模型。

② df (Degrees of Freedom，自由度)，模型越简单，要估计的参数越少，自由度越多，也主要用于多个模型间的比较。

③ χ^2/df，其值一般要求在 5 以下，属于基于拟合函数的指数。由于这个指标易受样本容量的影响，对评价单个模型意义不大，也主要用于比较多个模型。

④ RMSEA (Root Mean Square Error of Approximation，近似误差均方根)，Steiger (1990)认为 RMSEA 值低于 0.1 表示好的拟合，低于 0.05 表示非常好的拟合，低于 0.01 表示非常出色的拟合。

⑤ GFI (Goodness of Fit Index，拟合优度指数)，其值度量了观测变量的方差协方差矩阵 S 在多大程度上被模型引申的方差协方差矩阵所预测，越接近 1 表示模型适合度越好，通常采用 GFI ＞ 0.09。

⑥ NFI (Normed Fit Index，规范拟合指数)，荣泰生(2009)推荐用相对拟合指数中的 NFI 和 CFI 来衡量模型的拟合程度。如果 NFI 在 0.09 以上(越大越好)，则所拟合的模型是一个"好"模型(荣泰生,2004)。

⑦ IFI (Incremental Fit Index，增量适合度指标)，根据预设模型的差异值、独立模型的差异值来计算，其值在 0~1 之间，越大越好，通常采用 IFI ＞ 0.9。

⑧ TLI (Tucker-Lewis Index，塔克尔勒威斯指数)，其值在 0~1

之间。当数据完全拟合模型时 TLI 等于 1,通常采用 TLI > 0.9。

⑨ CFI (Comparative Fit Index,比较拟合指数),候杰泰、温忠麟和成子娟(2004)认为 CFI 在 0.09 以上(越大越好)表示好的拟合。

以上 9 个拟合指数,前 4 个属于绝对拟合指数,一般主要用来比较多个模型的拟合优度,后 5 个属于相对拟合指数,可以作为评判理论模型和数据的拟合程度的标准。本研究在下述分析中,主要采用前 4 个以及 GFI、NFI、IFI、TLI 和 CFI 是否都大于 0.9 的统计标准。

1) 企业科技人才吸引力

在本研究的模型中,企业科技人才吸引力作为因变量,共划分为五个维度:吸引力感知、继续工作意愿、扎根意愿、工作荣誉和离职意愿,进行验证性因子分析,表明该变量具有良好的建构效度。验证性因子分析得到的拟合指标如下:χ^2 值为 8.52,df 值为 4,χ^2/df 值为 2.12;RMSEA 值为 0.076 7;GFI 值为 0.983,NFI 值为 0.987,IFI 值为 0.993,TLI 值为 0.983,CFI 值为 0.993,均大于 0.9。

2) 企业内部激励因素

根据理论探讨,本研究中的该变量共分为五个维度:基本保障、研究条件、激励、沟通和发展机会。经过验证性因子分析,结果如下:χ^2 值为 6.49,df 值为 4,χ^2/df 值为 1.63;RMSEA 值为 0.057;GFI、NFI、IFI、TLI 和 CFI 值分别为 0.99、0.97、0.97、0.98 和 0.97,均大于 0.9,具有良好的建构效度。

3) 企业外部因素

企业外部影响因素共分为 4 个,包括产业发展环境、人才政策、经济环境和生活环境,构成了模型的自变量,下面对 4 个自变量分别进行分析。

(1) 产业发展环境。产业发展环境由 4 个题项测得,进行验证性因子分析后,结果如下:χ^2 值为 4.20,df 值为 1,χ^2/df 值为 4.20;RMSEA 值为 0.09;GFI、NFI、IFI、TLI 和 CFI 的值分别为 0.97、

0.97、0.96、0.98 和 0.97,均大于 0.9。以上拟合指标表明该变量具有良好的建构效度。

(2) 人才政策环境。人才政策环境由 5 个题项测得,经过验证性因子分析后各拟合指标如下:χ^2 值为 6.53,df 值为 4,χ^2/df 值为 1.63;GFI 值为 0.99,NFI 值为 0.99,IFI 值为 0.97,TLI 值为 0.99,CFI 值为 0.995,均大于 0.9,且十分接近于 1,表明有很好的建构效度。

(3) 生活环境。生活环境通过 5 个题项测得,经过验证后同样具有良好的结构效度,各拟合指标具体如下:χ^2 值为 12.84,df 值为 5,χ^2/df 值为 2.57;RMSEA 值为 0.09;GFI、NFI、IFI、TLI 和 CFI 的值分别为 0.98、0.97、0.95、0.97 和 0.98。

(4) 经济环境。经济环境通过 5 个题项测得,经过验证性因子分析后各拟合指标如下:χ^2 值为 1.57,df 值为 3,χ^2/df 值为 0.52;RMSEA 值为 0.057;GFI、NFI、IFI、TLI 和 CFI 的值均为 0.99 以上。根据以上拟合指标,该变量具有良好的建构效度。

5.3.2.2　信度分析

根据吴明隆(2003)的研究,克朗巴哈的 α 系数在 0.5 以上就是可信的。经过 SPSS16.0 软件进行信度检验,各量表的 α 值均在 0.8 以上,因此各分量表的测量均具有良好的信度(见表 5.14)。

表 5.14　信度分析

项目		题项数	克朗巴哈的 α 系数	项目		题项数	克朗巴哈的 α 系数
影响因素	企业内部因素	18	0.91	企业吸引力	吸引力感知	4	0.93
	产业发展环境	4	0.83		继续工作意愿	5	0.93
	人才政策	5	0.88		工作荣誉	4	0.91
	区域生活环境	5	0.88		扎根意愿	5	0.93
	经济环境	6	0.89		离职意愿	3	0.52

5.4 控制变量分析

　　企业科技人才吸引力作为一种企业留住人才的能力,会受到个体因素和企业自身因素的影响,因此需要对这些因素进行检验。本书对易于识别、搜集和衡量,又可能与个体所感受到的企业吸引力相关的因素进行了分析,个人因素包括性别、年龄、学历、职称和管理级别等,而企业因素包括成立时间、企业销售收入、企业人员数、所处行业和企业性质等。首先,对本研究的各个变量进行赋值,变量的赋值方式通常是取测量项的平均值,企业内部因素是在各维度的题项分别求的平均值的基础上对各维度再求平均值得到的,企业科技人才吸引力也采用了同样的方法。变量的描述统计结果如表5.15所示,通过表格数据显示,可以看到各变量均值之间存在一定差异。接下来对这些因素进行独立样本 T 检验或方差分析,考察控制变量对各变量的影响。

表 5.15 控制变量分析

项目	样本	最小值	最大值	均值	标准差
企业内部因素	193	1.60	5.00	3.23	0.79
基本保障	193	1.33	5.00	3.26	1.24
研究保障	193	1.00	5.00	3.34	0.96
发展保障	193	1.00	5.00	3.52	0.86
交流沟通	193	1.00	5.00	3.70	0.79
激励因素	193	1.00	5.00	2.35	1.07
产业发展环境	193	1.25	5.00	3.48	0.82
人才政策	193	1.00	5.00	2.69	0.99
生活环境	193	1.00	5.00	3.05	0.87
经济环境	193	1.17	5.00	3.44	0.81
吸引力	193	1.63	5.00	3.44	0.73

（1）性别。本部分通过独立样本 T 检验考察了不同性别的高层
次科技人才对各变量是否有显著的影响差异，分析结果如表 5.16 所
示。从中可以看到，不同性别样本的方差是齐次的，且在显著水平
95%以下，性别对各变量的影响均不显著。

表 5.16　性别对各变量的影响

变量	性别	人数	均值	方差齐次性检验		均值差异检验	
				显著概率	是否齐次	均值差（男－女）	显著概率
内部因素	男	120	3.17	0.68	是	−0.16	0.18
	女	73	3.33			−0.16	
产业发展环境	男	120	3.40	0.34	是	−0.23	0.06
	女	73	3.62			−0.23	
人才政策	男	120	2.69	1.00	是	0.00	0.99
	女	73	2.69			0.00	
区域生活环境	男	120	3.02	0.08	是	−0.08	0.56
	女	73	3.09			−0.08	
经济环境	男	120	3.39	0.31	是	−0.14	0.24
	女	73	3.53			−0.14	
吸引力	男	120	3.39	0.08	是	−0.13	0.24
	女	73	3.52			−0.13	

（2）年龄。从表 5.17 中可以看出，在置信水平 95%以上，年龄对
人才政策、生活环境和经济环境变量有显著影响，而对企业内部因素、
产业发展环境和企业吸引力变量没有显著影响，因此不同变量在年龄
方面表现出一定的差异性，然而由于不同的年龄对变量的方差并未产
生影响，因此并不会影响模型假设的适用性。

表 5.17 年龄对各变量的影响

变量	总变量	自由度	均值差异检验	
			F	显著性概率
企业内部因素	119.46	192	2.19	0.09
产业发展环境	127.91	192	1.08	0.36
人才政策	187.44	192	3.82***	0.01
生活环境	144.78	192	3.84***	0.01
经济环境	126.50	192	4.47***	0.00
吸引力	102.15	192	2.18	0.09

注：*** <0.01。

（3）学历。根据 ANOVA 检验，学历除对生活环境变量没有影响外，对其他变量均有显著影响，说明不同学历的高层次科技人才对不同变量的感知还是不一样的，能够反映出现实中企业对不同学历人才吸引力的差异。但不同学历样本的方差具有齐性，因此不同的原假设适用于整个样本（见表 5.18）。

表 5.18 学历对各变量的影响

变量	总变量	自由度	均值差异检验	
			F	显著性概率
企业内部因素	119.46	192	6.55***	0.00
产业发展环境	127.91	192	2.71***	0.05
人才政策	187.44	192	8.28***	0.00
生活环境	144.78	192	1.23	0.30
经济环境	126.50	192	5.11***	0.00
吸引力	102.15	192	4.80***	0.00

注：*** <0.01。

（4）职称。根据表 5.19 所示，在置信度 95% 的情况下，不同职称对企业内部因素、产业发展环境、人才政策和企业科技人才吸引力有着显著不同的影响，而在生活环境和经济环境方面并没有显著影响。

表 5.19   职称对各变量的影响

变量	总变量	自由度	均值差异检验	
			F	显著性概率
企业内部因素	119.46	192	12.12***	0.00
产业发展环境	127.91	192	7.44***	0.00
人才政策	187.44	192	4.84***	0.00
生活环境	144.78	192	0.70***	0.55
经济环境	126.50	192	1.65	0.18
吸引力	102.15	192	8.66***	0.00

注：*** <0.01。

（5）管理级别。根据表 5.20 所示，管理级别在 95% 的置信水平上对企业内部因素和人才政策有显著影响，而对产业发展环境、生活环境、经济环境和企业科技人才吸引力并没有显著影响。

表 5.20   管理级别对各变量的影响

变量	总变量	自由度	均值差异检验	
			F	显著性概率
企业内部因素	119.46	192	3.88***	0.01
产业发展环境	127.91	192	1.08	0.36
人才政策	187.44	192	5.42***	0.00
生活环境	144.78	192	0.36	0.78
经济环境	126.50	192	0.85	0.47
吸引力	102.15	192	2.52	0.06

注：*** <0.01。

（6）企业成立时间。从表 5.21 可看出，企业的成立时间长短对企业内部因素、产业发展环境、人才政策和企业科技人才吸引力在 95% 的显著水平上有显著影响，而对生活环境和经济环境没有显著差异。

表 5.21 企业成立时间对各变量的影响

变量	总变量	自由度	均值差异检验	
			F	显著性概率
企业内部因素	119.23	191	13.50***	0.00
产业发展环境	127.68	191	2.98**	0.02
人才政策	187.35	191	4.86***	0.00
生活环境	144.14	191	1.02	0.40
经济环境	125.26	191	2.33	0.06
吸引力	101.88	191	9.70***	0.00

注：** <0.05，*** <0.01。

（7）企业销售收入。从表 5.22 可看出，在 95% 的置信度下，企业销售收入对企业内部因素、产业发展环境、生活环境、经济环境和企业科技人才吸引力有显著影响，而对人才政策没有显著不同。

表 5.22 企业年销售收入对各变量的影响

变量	总变量	自由度	均值差异检验	
			F	显著性概率
企业内部因素	113.40	185	9.39***	0.00
产业发展环境	118.10	185	3.59***	0.01
人才政策	180.51	185	2.47	0.06
生活环境	134.85	185	8.70***	0.00
经济环境	119.03	185	6.95***	0.00
吸引力	98.24	185	7.13***	0.00

注：*** <0.01。

（8）企业人员数。从表 5.23 可看出，在 95% 的置信度下，企业人员规模对企业内部因素、产业发展环境、人才政策、生活环境、经济环境和企业科技人才吸引力均有显著影响。

表 5.23　企业人员数对各变量的影响

变量	总变量	自由度	均值差异检验	
			F	显著性概率
企业内部因素	116.71	190	6.96***	0.00
产业发展环境	127.79	190	6.22***	0.00
人才政策	186.67	190	2.95**	0.03
生活环境	140.89	190	5.73***	0.00
经济环境	124.05	190	13.17***	0.00
吸引力	101.56	190	8.17***	0.00

注：** <0.05，*** <0.01。

（9）企业招聘渠道。从表 5.24 可看出，在 95% 的置信度下，进入企业的渠道对企业内部因素、产业发展环境、人才政策、生活环境、经济环境和企业科技人才吸引力均有显著影响。

表 5.24　企业招聘渠道对各变量的影响

变量	总变量	自由度	均值差异检验	
			F	显著性概率
企业内部因素	119.45	191	4.80***	0.00
产业发展环境	127.86	191	4.96***	0.00
人才政策	187.35	191	3.92***	0.01
生活环境	144.28	191	5.30***	0.00
经济环境	126.18	191	6.84***	0.00
吸引力	102.07	191	3.17**	0.03

注：** <0.05，*** <0.01。

通过独立样本 T 检验和 ANOVA 检验，发现除性别对各变量在置信度 95% 的情况下均没有影响外，其余控制变量对各变量都有或大或小的影响，这种影响反映了情况差异的影响。然而考虑到本部分的方差分析结果显示，所有的方差均为齐性，表明各控制变量总体上对于模型中涉及的变量没有显著影响。因此，在后续的研究中撇开调查样本的个体情况和企业情况对本研究提出的理论模型进行检验是合理的。

5.5 相关性分析

在这部分通过相关性分析，验证企业内部因素（包括基本保障、研究保障、发展保障、交流沟通和组织激励）、产业发展环境、人才政策、生活环境、经济环境与企业科技人才吸引力的相关性所提出的各种假设。通过表 5.25 发现，企业科技人才吸引力与企业内部因素、产业发展环境、人才政策、生活环境、经济环境在置信度 99% 的情况下均显著相关，但可以发现生活环境与其他各因素之间的相关性均较低。

表 5.25　各变量的相关性分析

	① 企业内部因素	② 基本保障	③ 研究保障	④ 发展保障	⑤ 交流沟通	⑥ 激励因素
1	1.00	0.82**	0.87**	0.83**	0.76**	0.79**
2		1.00	0.66**	0.57**	0.52**	0.63**
3			1.00	0.75**	0.70**	0.59**
4				1.00	0.68**	0.55**
5					1.00	0.43**
6						1.00
7						
8						
9						
10						
11						

	⑦ 产业发展环境	⑧ 人才政策	⑨ 生活环境	⑩ 经济环境	⑪ 吸引力
1	0.62**	0.69**	0.37**	0.57**	0.89**
2	0.47**	0.57**	0.28**	0.46**	0.68**
3	0.62**	0.60**	0.35**	0.56**	0.86**
4	0.65**	0.59**	0.36**	0.56**	0.84**
5	0.58**	0.42**	0.35**	0.51**	0.80**
6	0.36**	0.66**	0.24**	0.36**	0.61**
7	1.00	0.51**	0.50**	0.71**	0.79**

(续表)

	⑦ 产业发展环境	⑧ 人才政策	⑨ 生活环境	⑩ 经济环境	⑪ 吸引力
8		1.00	0.49**	0.52**	0.63**
9			1.00	0.53**	0.47**
10				1.00	0.70**
11					1.00

注：** <0.05。

5.6 结构方程分析

各个因素之间及各因素对企业科技人才吸引力的影响均正相关，但这种相关性并不能反映出各个因素之间对企业科技人才吸引力的作用机制，即每种因素对企业吸引力的影响机制，因此，我们将继续采用结构方程进行分析。在相关性假设的基础上，建立如图 5.1 所示的路径图。

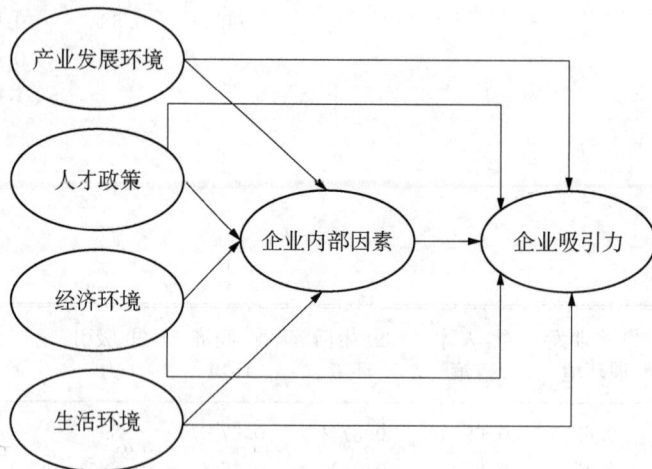

图 5.1　结构方程分析的路径图

整个模型体现的是从中宏观层次、企业层次再到个体的三个层次，能够反映出不同因素影响企业科技人才吸引力的不同路径，主要是分析外部的 4 个因素通过企业内部因素影响企业科技人才吸引力的路径,并尝试分析各个因素对企业科技人才吸引力影响的程度,同时分析他们之间的直接作用和间接作用。

对于结构方程而言,一个潜变量应该至少由 3 个观测变量来解释,样本量表应是模型中变量数的 5~10 倍。当数据正态分布非常好时,5 倍即可;而数据正态分布性越差,样本量需要得越多,最好是观测变量的 10 倍。一般认为,如果观测变项与因素的比值是 3 或 4,样本容量应该大于 100;比值是 6 以上,则 50 个样本也足以使相关矩阵比较稳定,进而使结构方程的信度提高。

5.6.1 结构方程的验证结果

上面的结构方程验证后,各项拟合指数如下:χ^2 值为 517.71,df 值为 210,χ^2/df 值为 2.46。根据惠顿(Wheaton)等(1997)的研究,该指标小于 5 即可接受,且越小越好;RMSEA 的值为 0.087。根据施泰格尔(Steiger,1990)的建议,RMSEA 值小于 0.1 表示好的拟合,低于 0.05 表示非常好的拟合,该指标符合统计要求;GFI、CFI、IFI 和 TLI 分别为 0.923、0.930、0.931 和 0.908,均大于 0.9,表明拟合效果好。综上所述,假设模型和数据拟合情况较好。假设 1-1、假设 2-1 和 2-2、假设 3-2、假设 4-2 得到证实,其余假设均不成立。路径如图 5.2 所示。

5.6.2 假设验证的结果

如表 5.26 所示,观察表中各路径的显著性可以发现,人才政策与企业吸引力、经济环境与企业吸引力、生活环境与企业吸引力及生活环境与企业内部因素的 P 值都大于 0.05,无法通过检验,表明与之相关的假设不能成立,这与已有的研究存在一定的矛盾。人才政策与企业科技人才吸引力没有直接影响,造成这种结果的原因在于:人才政

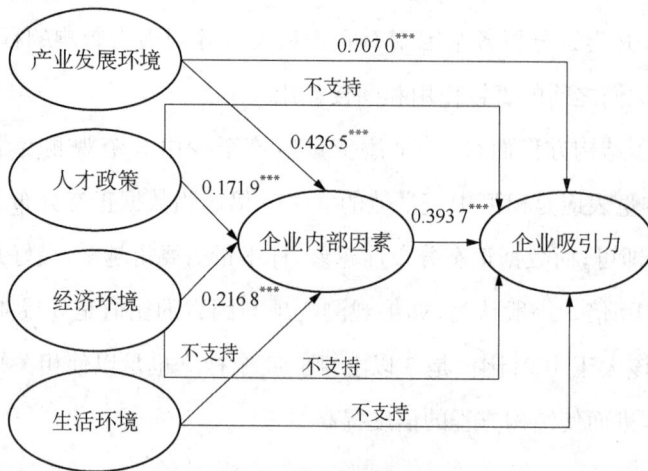

图 5.2   验证后的结构方程路径图

表 5.26   模型的假设检验结果

	路径关系			标准化系数	P 值	检验结果
假设 1-1	企业内部因素	→	吸引力	0.393 7	***	支持
假设 2-1	产业发展环境	→	吸引力	0.707	***	支持
假设 2-2	产业发展环境	→	企业内部因素	0.426 5	***	支持
假设 3-1	人才政策	→	吸引力	—	—	不支持
假设 3-2	人才政策	→	企业内部因素	0.171 9	***	支持
假设 4-1	经济环境	→	吸引力	—	—	不支持
假设 4-2	经济环境	→	企业内部因素	0.218	***	支持
假设 5-1	生活环境	→	吸引力	—	—	不支持
假设 5-2	生活环境	→	企业内部因素	—	—	不支持

策往往不能让高层次科技政策人才直接受益,因为政策能否落实还是取决于企业内部因素的情况。经济环境与企业科技人才吸引力没有直接路径,反映出人才流动过程中并不仅仅考虑一个城市的经济发达程度,因为这同时也意味着更大的生活成本和压力,如果企业内部提供的条件不能有效解决生活成本和压力,就无法吸引人才;与生活环境相关的假设均不成立,这一点与城市发展有关。在企业周

围往往容易形成较好的生活圈,然而也会造成企业周围餐饮和住宿等成本提高,导致高层次科技人才在无足够实力的情况下无法在该区域居住。而且对于新的区域发展来说,往往是先有企业,然后才有周围的配套设施建设,因此生活环境不是决定因素。另外,由于相关性分析是在没有控制各变量关系下进行的分析,无法排除各因素之间的相互影响,更易达到显著;而结构方程是在控制其他变量后进行的分析。

5.6.3 假设检验结果的分析

通过结构方程,各变量对创新能力的影响程度也可以计算出来,即直接效用、间接效用、总效用。直接效用是某一变量对另一变量的直接影响;间接效用是某一变量通过某一中介变量对另一变量的影响;总效用是直接效用,等于直接效用和间接效用之和。根据成立的假设可以由 AMOS17.0 计算出产业发展环境、经济环境、人才政策和企业内部因素对企业科技人才吸引力的直接效用、间接效用和总效用。在对企业内部的影响因素中,产业发展环境效用最大(0.426 5),其次为经济环境(0.218),再次为人才政策(0.171 9)。在对企业科技人才吸引力的影响因素中,产业发展环境影响力最大(总效用为 0.874 9),其次为企业内部因素(总效用为 0.393 7)。与两者相比较而言,经济环境和人才政策弱了许多(见表 5.27)。

表 5.27 产业发展环境、经济环境和人才政策对企业内部因素的效用

产业发展环境、经济环境和人才政策对企业内部因素的效用				
序号	变量	直接效用	间接效用	总效用
1	产业发展环境	0.426 5	0	0.426 5
2	经济环境	0.218	0	0.218
3	人才政策	0.171 9	0	0.171 9

（续表）

产业发展环境、经济环境和人才政策及企业内部因素对企业科技人才吸引力的效用

序号	变量	直接效用	间接效用	总效用
1	企业内部因素	0.393 7	0	0.393 7
2	产业发展环境	0.707	0.167 9	0.874 9
3	经济环境	0	0.085 8	0.085 8
4	人才政策	0	0.067 7	0.067 7

　　本章主要是对企业高层次科技人才吸引力模型的验证，首先是问卷的回收，其次是研究样本的基本描述，然后是问卷的建构效度和信度的分析。在建构效度和信度分析达到要求的基础上对数据进行了统计学分析，检验了控制变量对其他变量的影响。虽然有几个变量受到显著影响，但考虑到变量方差的齐次性，因此研究假设模型具有普适性。最后在相关性分析的基础上，对模型进行了结构方程的验证。本书提出了 12 个研究假设，经结构方程验证，8 个假设成立，4 个假设在现有样本抽样的研究中不成立。其中，生活环境对企业内部因素和企业科技人才吸引力并没有影响，而经济环境和人才政策环境对企业科技人才吸引力并没有直接影响，都是通过对企业内部激励而对企业科技人才吸引力产生影响的，而影响效用最大的为产业的发展环境，其次是企业内部因素的作用。

6 调查研究分析

本章则分析了不同产业的企业科技人才吸引力,并遴选了 IT 和生物医药两个产业的 4 家企业进行了实地访谈调研,通过案例分析验证和解释了本书的研究假设和不同产业的企业科技人才吸引力的差别,并对不用产业的科技人才激励政策提出了若干建议。

6.1 企业科技人才吸引力分析

6.1.1 企业科技人才吸引力分析

企业科技人才吸引力可分为五个维度:吸引力感知、继续工作意愿、扎根意愿、工作声誉和离职意愿。利用 AMOS 17.0 通过验证性因子分析得,企业高层次科技人才吸引力的验证结果为:χ^2 值为 8.52,df 值为 4,χ^2/df 值为 2.12,RMSEA 值为 0.076 7;GFI 值为 0.983,NFI 值为 0.987,IFI 值为 0.993,TLI 值为 0.983,CFI 值为 0.993,均大于 0.9。首先是每个维度根据题项计算出平均值,然后再取各个维度的平均值作为企业对单个人才吸引力的平均值,最后通过计算不同产业内企业对人才的吸引力得出不同产业内企业科技人才吸引力的平均值。

利用 SPSS 16.0 计算不同产业的统计分析,结果如表 6.1 所示。通过前面控制变量的方差分析,得到针对企业所属产业的 ANOVA 分析,可以发现不同产业企业对人才的吸引力平均值有显著差异,表明产业对企业科技人才吸引力产生影响,对其分析有助于政府根据不同产业企业的特征制定相异但更贴切的人才政策。

表 6.1 不同产业的企业科技人才吸引力

	样本量	均值	标准差	最小值	最大值
电子信息技术	77	3.26	0.68	1.87	4.90
生物与新医药技术	17	4.37	0.35	3.67	4.85
新材料技术	19	3.43	0.42	2.97	4.42
高技术服务业	24	3.78	0.76	2.42	5.00
新能源及节能技术	12	3.30	0.47	2.67	4.00
资源与环境技术	7	3.74	0.92	2.76	5.00
高新技术改造传统产业	20	3.13	0.77	1.63	4.62
其他	10	3.46	0.53	2.35	4.10
合计	186	3.47	0.73	1.63	5.00

6.1.2 选择生物医药产业和电子信息产业的原因

通过表 6.1 的统计描述可以看到,生物与新医药技术企业的平均人才吸引力最高,因此从该产业选择两家企业作为案例调研对象,而且生物医药与电子信息产业也是国家认定的七大战略新兴产业之一。北京的生物医药产业有其自身特点,研发实力雄厚,但主要集中在科研机构和高校,近年来随着企业的发展壮大,研发力量逐步在向企业转移,而且生物医药行业的硕士及以上学历的毕业生非常多,因此科技人才的学历相对较高。

　　电子信息产业是北京长期以来一直重点发展的产业,也是高智力人才集中的行业。在测算中,电子信息产业的均值较低,为了能更好地与均值高的生物医药产业作比较,本研究选择了生物医药产业和电子信息产业的 4 家企业进行分析。

　　在选择多案例样本时,通常要考虑到一定的差异性,比如企业的规模大小、企业属性等。尽管在本书的控制变量分析中,企业规模以及企业性质对于研究假设没有显著的影响,但在实际调研中,本书还是进行了差别的案例选取。因为在我国目前的发展背景下,国有企业和民营企业在政策惠及方面还是略有差异的。

　　在具体的案例选择中,考虑到企业规模、企业类型对企业高层次科技人才吸引力可能产生影响,因此我们结合选择国企和民企、大中型企业和小企业进行研究。具体选择的企业案例如下:IT 产业中的 ITA 企业为国内领先的消费电子数码产品的民营企业;ITB 企业为北京从事软件开发的小型国有企业(科研院所下属)。生物医药产业中的 BIOS 是北京某医药集团下属的制药企业;BIOI 是北京经济技术开发区中从事生物制剂生产的小企业。

6.2　调查研究分析的方法

6.2.1　调查对象遴选标准、分析方法和程序

1) 研究框架

　　一般来说,对研究方法的设计主要包括方法选择、研究程序、研究单元、数据收集以及数据分析(余江,2004)。弗林(Flynn,1990)针对在制造与运作领域的学术研究活动提供了一个实施研究的系统模型,即建立理论基础、选择研究设计、选择数据收集方法、研究实施、数据

分析,最后步骤是论文写作。这种实证研究的系统方法实用性很强,因此论文案例研究框架主要参考了这种方法。研究设计则采用多案例分析方法;数据收集则采取了内部资料和外部资料共同收集的形式,主要是网站、访谈、文献以及观察等方法;研究主要采取的是样本选择,文献研究和实地调研,最后根据数据和资料进行深入分析。

2) 研究设计

本书采用的多案例研究方法,参考了尹(Yin,1989)的多案例研究模型(见图6.1)。鉴于对研究深度的要求和相关研究资源的局限,本研究选择了两个产业的4家企业进行研究。本研究将先以两个产业在北京的发展情况为背景,分别对这4家企业进行单独的个案研究,并阐述相关研究发现。在完成个案研究的基础上,将得出跨案例研究的结论分析,并用于修改和证实原来的理论假设,提供进一步的研究启示。

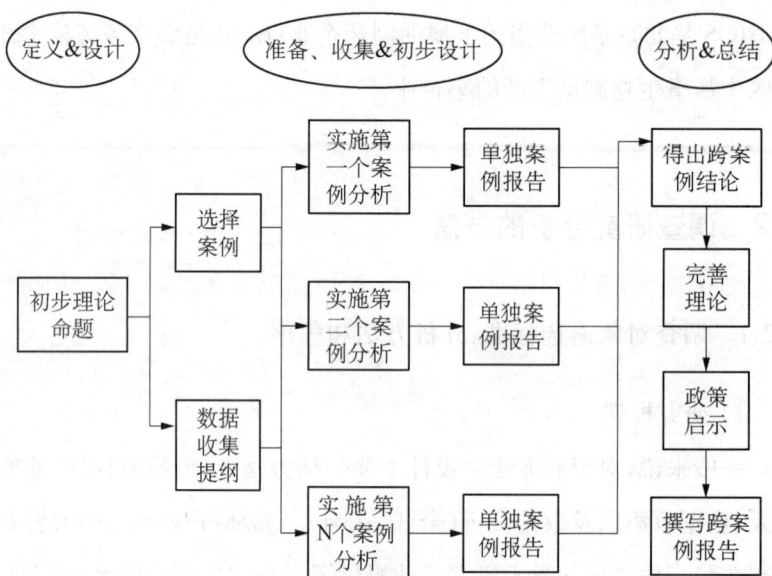

图 6.1 Yin(1989)的多案例研究模型

6.2.2 研究的数据来源与资料收集

1) 研究的资料来源

调查研究的资料来源包括内部资料和外部资料。内部资料包括不同层次科技人才及人力资源管理部门的调研访谈,还有企业内部的档案材料,以及企业高层次科技人才和企业高层领导的相关资料;外部资料包括企业的网站、大量的门户网站对这些企业的新闻报道,如企业成长阶段的不同表现、战略计划、企业大事记以及各类外界评价等。同时在政策文献这部分,本书收集了各类政府部门出台的有关促进企业创新以及企业科技人才发展的资料。

表 6.2 调查研究的数据来源与资料类型

资料来源	资料类型	备 注
内部资料	分层访谈	不同层次科技人才及人力资源管理部门的调研访谈
	档案文件	企业内部的档案材料
	高层资料	企业高层次科技人才和企业高层领导的相关资料
外部资料	门户网站	企业基本信息、成长阶段的不同表现、战略计划、企业大事记以及各类外界评价等资料。
	网络检索	
	相关政策文献	各类政府部门出台的有关促进企业创新以及企业科技人才发展的资料

资料来源:经作者整理。

2) 资料收集

(1) 访谈资料。在分层访谈中,本研究选择了一个企业中的 2 名管理人员(包括人力资源管理负责人),另外加 2～3 名的高层次科技人才作为访谈对象。他们在企业中的工作年限至少两年。访谈均为开放性问题。在访谈中,研究者针对关键事件进行深入挖掘,为后期的影响因素分析做准备。每段访谈的时间在 30～60 分钟,对访谈进行了现场录音,访谈结束后及时转化成文字资料。

(2)内部文件。本书在研究中得到了各企业的大力支持,收集到一些企业内部资料,包括企业的内部期刊、组织结构图等。

(3)外部资料。通过门户网站和网络搜索,对各企业的行业领域、重大事项及外界评价等背景资料进行了搜集整理。

6.3　调查研究分析的结论

在对影响因素的分析过程中,本书从高层次科技人才招聘和管理的流程角度入手。首先是高层次科技人才就业的选择和高层次科技人才的招聘,其次是高层次科技人才的管理,最后是高层次科技人才的流动。

在对高层次科技人才的认知方面较为多元,受本书提到的控制变量的影响较大。在访谈中首先涉及的是企业对高层次科技人才的认知,调研中不同企业的人力资源管理人员对高层次科技人才的条件描述并非一致,主要强调的是高层次科技人才的能力以及能为企业带来贡献,并不太重视学历的衡量。如 ITA、ITB 和 BIOI 均强调"能够带项目",而 BIOS 虽然提及学历的界定但也提到"对企业的贡献"。在调查过程中,人力资源管理人员和被调研的高层次科技人才都强调了以学历或职称作为划分高层次科技人才的标准太单一,不能反映出人才的真实能力。由于学历较高的人才"可塑性较差",同时"学习心也较差",尤其是博士,属于在科研领域做比较专业的研究,研究面窄,而且太偏基础研究,而企业更看重的是应用研究,因此并不大愿意招聘高学历(拥有博士学位)的人。因此,在高层次科技人才的界定中,企业界与已有的人才政策传统的划分存在不同。

6.3.1 产业发展环境影响较大，对于人才工作选择也最为直接

文献显示，产业环境方面主要是产业集群规模、行业发展前景、社会协作网络等因素对高层次科技人才有一定的影响（王辑慈，2002；胡蓓等，2009）。在实地调研中发现，产业发展环境对高层次科技人才的选择影响主要体现在其对本专业工作机会和未来发展机会的认识，最终影响到的是工作城市的选择。以 ITB 企业调研为例，"人才选择企业时还是主要以专业为主，反映出来是对企业所在环境的重视、政府对产业的重视程度、产业政策和产业投资的情况"①。又以生物医药企业 BIOI 中高层次科技人才访谈为例，其中一位人才从南京到北京的工作转变，是由于"这边有更多的工作机会"和"学习机会"。在产业发展环境中，强调更多的是政府政策的支持，两家 IT 企业都认为政策的支持带来了更多的投资机会；此外，企业能够在享受优惠的同时考虑为企业中的员工提供更多的激励措施。

6.3.2 企业内部因素中事业发展平台和薪酬是人才最为看重的

在已有的组织吸引力的文献中，企业内部因素可以概括为职业发展、报酬制度、学习培训制度和工作特性等（胡蓓，2008）。通过针对包括人力资源管理人员和高层次科技人才的访谈获得，在招聘过程中，高层次科技人才首先看重的是薪资待遇的情况，剩余因素中的职业发展是强调的另外一个方面。职业发展成为首次找工作第二看中的因素，因为职业发展往往影响到个人能力的提高。ITA 企业人力资源管理人员在访谈中提到，"应届毕业生更注重薪资和发展平台，为其提供能力积累"。对于有工作经验的人才，更看重的是企业内部的环境能否让其发挥能力，这些内部环境包括"企业文化和管理机制"等。在留

---

① 在企业调研中，一位公司高管提到的观点。

住和激励在职高层次科技人才方面,除了奖金之外,"学习教育"是另一种常提及的措施。以 ITA 企业为例,其会组织员工攻读名校的在职 MBA。经常为人们所提及的股权中长期激励在调研的 4 家企业中真正实施的基本上没有,主要原因是民营企业刚意识到其重要性。另外,国有企业在管理体制上的束缚也是重要原因。

6.3.3　企业周边生活环境对人才选择工作有影响但不明显

企业周边生活环境主要是指硬环境,是企业成长环境中有形要素的总和,包括物质环境和区位环境,如基础设施与生活服务设施以及自然区位与经济区位。企业周边的生活环境对高层次科技人才的去留并没有很大影响,他们主要在意的是"周边交通的便利",会在"薪资和个人成本间进行权衡",所以经常会看到一些人开车或乘坐公共交通工具去较远的地方工作,表明企业周边的生活环境对企业高层次科技人才的影响力有限。另外,高层次科技人才在选择时会考虑企业周边的相关产业情况,BIOI 企业中研发人才选择去亦庄(交通相对并不方便)工作就是看中了周围的生物医药产业的聚集。

6.3.4　人才政策环境主要通过影响企业内部管理间接影响人才的工作选择

在对高层次科技人才和人力资源管理人员关于人才政策的内容访谈时,户口成为主要讨论的问题。首先是应届毕业生找工作时,许多著名高校的毕业生由于企业户口指标有限而选择放弃企业提供的工作机会乃至离开北京,同时由于企业担心解决户口后人才会选择离开因此在解决户口方面也犹犹豫豫,户口问题表现出一种双向的限制。其次,工作中的高层次科技人才遇到的主要问题是"工作居住证"和"高新技术企业科技人才引进"政策不能惠及。"工作居住证"的政策到现在已经基本不办理,ITA 和 ITB 都反映出这种问题。而在"高新技术企业科技人才引进"中,许多符合"调京"基本条件的申报后基本没有音信,BIOS三年申报了五六个均没有回音;网上的申报链接已经消失,这是BIOI在申请过程中遇到的问题。在具体操作过程也反映出"流程不透明"和"随意性较强"的现象。还有一种现象是为解决户口的应届生选择留京是由于北京能够提供较好的学习和成长的环境,在能力得到提高后,两三年内不能解决户口问题的会选择离开北京去其他提供良好政策支持的城市工作。这样北京成为人才培养的摇篮,而人才成长后的最终受益却可能为其他地区所享有。而如"海聚工程"等由于针对人才条件的要求很高,基本上无法适用于企业吸引来的人才,尤其是中小企业的人才。同时一些政策更多的是侧重于科研人员,适合科研院所,强调人才科研论文和专利的数量,如"百千万人才工程"。

6.3.5 经济环境的影响更多体现在人才对城市的选择而非企业自身的选择

经济环境对企业科技人才的吸引力同样体现在对城市的选择上,"经济环境决定了工资水平和工作机会"。正如前面提到的已经逐步出现拥有丰富工作经验的人才,"卖掉房子和汽车"离开北京到二线城市如苏州、杭州、无锡去发展,比如ITA企业中音频和存储部门研发人员的流动。同时正如媒体所报道的,应届毕业生出现了离开"北上广"去二线城市发展的情况。主要原因是这些地方在经济发达的同时,其生活成本和工作压力也较高。而在选择城市时,除了上面提到的"产业发展环境"外,另外一些因素是"人文环境"和"学习教育",这些减弱了良好的经济环境对人才的吸引。

本章通过计算得出了产业的企业科技人才吸引力,并通过企业调研进行验证,同时对于上一章通过结构方程验证的研究假设进行了验证和说明,有力地支撑了本研究结论。高层次科技人才在选择企业时,会对产业发展环境、企业内部因素、企业周边的生活环境、人才政策环境和经济环境五个因素进行综合考虑,每个因素影响并非决定性的,高层次科技人才根据其个人的因素排出相对重要性。如在女性高层次科技人才调研中,影响其选择的并非上面的几个因素,家庭因素也占了很大比例,其次是企业内部因素中的工作稳定性;另外,在年轻时高层次科技人才更看重的是产业的发展和学习教育的机会;成家后更看重的是将来企业提供平台的稳定性和子女教育等外部因素。同时,由于调研的对象主要是北京企业中的高层次科技人才,北京市企业在吸引高层次科技人才时有其特殊性,如北京在进京户口指标方面限制比较严,大部分北京高新技术企业的人才都没有北京户口。由于户口影响到未来子女的教育主要是高等教育的问题,因此户口成为高层次科技人才最为关心的问题,这是关系到能否真正留住高层次科技人才的主要因素,本书的讨论研究是尽量排除其影响后做出的。

7 典型案例研究

本书除了深入分析实地调研的北京 4 家企业外,还从更广阔的视角关注了国内外其他城市的企业人才吸引状况及其与内外部环境的关系。

7.1 企业内部环境与企业科技人才吸引力:
华为"以奋斗者为本"增强人才归属感[①]

华为是国际著名的信息与通信技术(ICT)解决方案供应商。目前,华为有 17 万多名员工,业务遍及全球 170 多个国家和地区,服务全世界三分之一以上的人口。2014 年 10 月 22 日,全球最大的职业社交网站 LinkedIn 在旧金山举行 Talent Connect(连接人才)大会,公布了 2014 年全球 100 家最佳雇主,华为荣登榜单,排名第 95 位,成为唯一一家上榜的中国企业。华为认为,人才是企业实现可持续发展的主体力量,也是企业保持竞争力和持续领先的重要因素,因此特别重

---

① 参考资料:邵子桐.浅析员工培训在华为公司的重要性[J].知识经济,2017(5):96-97;张建国.打造世界人才的"筑梦空间"[J].中国人才,2007(2):40;IT 时代.华为的人才管理智慧[J].人才资源开发,2015(21):74-75.

视企业科技人才吸引力提升,秉持"以奋斗者为本"的理念,推行物质激励与非物质激励并行的激励政策,在促进企业成长的同时,为多样化的人才提供多种价值实现通道,帮助人才实现个人价值,增强企业科技人才归属感,提高人才的幸福感。

(1) 保持人才的多元化。华为注重从员工的国籍、性别、年龄、种族、宗教信仰等方面,全方位地制定并实施多元化目标,通过促进人才队伍的多元化保持企业活力。例如,为保持人才队伍多元化,华为积极招聘国际员工,推动海外员工本地化进程。2014 年,华为在海外聘用的员工总数超过 3.5 万人,海外员工本地化率达到 75%,中高层管理者本地化率达到 18.7%。这些本地化的员工不仅有利于企业深入了解各地迥异的文化,也有助于企业为全球客户提供及时高效的服务,提高竞争力和创新能力。同时,由于华为所处的 ICT 行业特点,且大多数员工均来自工科院校,在很大程度上影响了女性员工所占比例。为了应对这些挑战,华为严格遵守各地相关法律法规及国际公约,保障男女员工就业公平,严格禁止就业歧视。近三年来,华为女性员工的比例基本保持稳定。此外,华为非常注重女性管理者的选拔,并实施了女性管理者培养计划,在同等条件下优先选用女性员工,帮助其职业发展。2014 年,女性管理者的比例达到 8.8%。华为的 17 名董事会成员中,就有 4 名女性成员。

(2) 注重人才培训。培训不仅能提高人才的技能,帮助其个人发展,实现个人价值,另一方面,员工能力的提升也能促进企业的发展。同时,培训可以促进人才融入沟通,增强企业向心力和凝聚力,塑造优秀的企业文化。华为非常重视人才培训工作,努力为企业各类人才提供充分且平等的培训和晋升机会。每天都有众多的培训课程在华为大学、各地培训中心、各部门培训教室开展,这些培训包括通用的知识技能以及专业能力培训。2014 年,华为全球培训总人次超过 172 万,人均培训学时 28.16。同时,华为建立了 e-Learning 学习平台,员工可以随时随地通过网络接受培训,在第一时间掌握最新、最实用的工作技能,紧跟知识经济的发展步伐,提高自身能力。

(3) 物质与非物质双重激励。在物质激励方面,华为人力资源管理部与 Hay Group、Mercer、Aon-Hewitt 等顾问公司长期合作,定期开展薪酬数据调查,并根据调查结果和公司业绩、员工个人绩效对员工薪酬进行及时调整。华为员工的奖金采取获取分享制,并与公司经营状况、员工所在部门的业绩以及其个人的绩效贡献密切相关。同时,华为通过长期激励机制与全球员工一起分享公司的经营收益和成长,形成了长远的共同奋斗、分享机制。此外,华为建立了完善的员工保障体系,为全球员工构筑起全覆盖的"安全伞"。除各地法律规定的各类保险外,华为还为全球员工提供人身意外伤害险、重大疾病险、寿险、医疗险及商务旅行险等商业保险,并设置了特殊情况下的公司医疗救助计划。在非物质激励方面,华为主要从员工的健康、发展、关系三个维度来开展,包括工作环境、员工健康、员工培训、职位晋升、人文关怀等多个方面,满足员工的激励需要,使其能够充分发挥积极性和创造性,提高员工归属感和幸福感。

7.2 产业发展环境与企业科技人才吸引力: 硅谷电子信息产业集群的人才激励[①]

硅谷(Silicon Valley)位于美国加利福尼亚州北部,旧金山湾区南部,由于最早是研究和生产以硅为基础的半导体芯片的地方而得名。目前,硅谷地区云集了惠普、英特尔、苹果、思科、英伟达、朗讯等大型

① 参考资料:阿伦·拉奥皮埃罗·斯加鲁菲.在硅谷如何招聘创新人才[J].商学院,2017(1):119;C Niu. The Talent Accumulation Effect and Environment in Silicon Valley and Zhongguancun: A Comparative Study [J]. Chinese Journal of Management,2008:16.

高科技公司和数以万计的中小型科技企业,拥有斯坦福大学、加州大学伯克利分校等一批高水平大学和研究机构,风险投资占全美风险投资总额的三分之一,各类企业拥有科技人员达 100 万以上,是世界著名的融科学、技术、生产为一体的电子信息产业集群、高科技人才的集中地和科技创新的策源地。硅谷电子信息产业集群充分体现了集群的网络化、集聚化优势及知识集聚和溢出效应,形成了富有竞争力的人才激励文化和机制。

(1) 竞争、平等、开放的理念激励。尽管硅谷科技人员来自世界各地,文化背景和生活习俗各异,但硅谷科技企业奉行的允许失败的创新,崇尚竞争,鼓励原创,极大地调动了人才的活力和动力。同时,硅谷产业集群具有鲜明的网络化特征,网络构成了重要的硅谷亚文化。硅谷企业非常重视团队合作,在行动中秉持平等开放的理念,鼓励内部合作和面对面交流,也鼓励员工参加开源项目,建立广泛的外部联系。

(2) 多元顺畅的人才流动激励。能够自由、顺畅地流动也是吸引人才特别是高端科技人才的重要因素。与硅谷世界领先的电子信息产业集群相匹配的是顺畅的科技人才流动机制。一方面,硅谷内企业之间的人才流动非常顺畅且频繁,高层次科技人才可以在不同规模、不同发展阶段的企业间根据自己的选择自由流动。另一方面,硅谷企业与周边大学和研究机构人才能够充分流动。以斯坦福大学为例,面对硅谷企业旺盛的人才需要,斯坦福大学改变了学校教学和科研人员的管理模式,允许教员和研究人员到美国硅谷企业兼职甚至离职创业。

(3) 激发人才创新创业的权利激励。股票期权奖励是硅谷创业企业能够吸引到顶级人才并迅速发展壮大的重要机制。在硅谷,一个企业在 A 轮融资后会按照一定的比例划分出一个专门的期权池 (Employee Stock Ownership Plans) 用以奖励员工,这个期权池的比例会随着之后融资次数的增加而被稀释。企业 IPO 之后,将会继续实施员工股票购买计划,让员工以折扣价格购买公司股票,或者在给员工发薪水的时候,将一定比例的薪水折算成股票。硅谷企业普遍实行全员持股或者是大量员工持股,不仅让员工更好地分享企业成长的收益,也会让员工分享企业的成功和荣誉,能够极大地增强人才的主人翁意识和忠诚度,增强人才团队的凝聚力,保障企业的人才吸引力。

7.3　政策环境与企业科技人才吸引力: 特拉维夫构建创新创业生态系统[①]

　　以色列在世界上享有"创业国度"的美誉。据统计,以色列平均每天有 2~3 家创业公司成立,每 1 600 人中就有一个开创公司。对于一个人口只有 800 万、面积只有 2.6 万平方公里的小国来说,创业企业的密度在世界上名列前茅。以色列创业企业聚焦于高科技创新,800 万人口中有 23 万从事科技产业,出口额中超过四分之一来自科技产业,人均风险资本投资远超世界其他国家[②]。特拉维夫是以色列的第二大城市,市区面积 52 平方公里,人口约 42 万,人口密度 8 100 人每平方公里,就业人口中跟科技相关的大约有 23%。2014 年,以色列全年有 3 389 家创新企业登记注册,特拉维夫就有 972 家。经过多年发展,特拉维夫已经成为世界著名的创新城市,2013 年被华尔街日报评为"世界上最具创新力的城市之一"。

　　为吸引高科技人才,特拉维夫市政府全力搭建有利于创新创业的

---

① 参考资料:安天佑,犹太学者:你可能误解了"犹太教育",http://inews.ifeng. com/yidian/46578725/news.shtml?ch＝ref_zbs_ydzx_news;特拉维夫创业之城官方网站,http://www.telavivstartupcity.com./

② 数据来自于以色列创业地图网站 https://mappedinisrael.com。

生态系统,具体做法有以下五个方面:

(1) 明确发展目标,大力推介城市。2010 年,特拉维夫专门成立了"全球城市行动办公室"来统筹确定城市定位和发展路径,将城市定位确立为"永不停息的创新创业城市",并将构建全球创新中心作为整个城市的工作主题,在世界各国重点城市进行宣传和招商。从举办"DLD 特拉维夫创新节",建设"国际媒体枢纽空间",到邀请世界各国媒体前来报道,特拉维夫市政府在招商推介方面不遗余力。

(2) 围绕创业人才需要,提供全方位服务。特拉维夫市政府整合市政和社会资源,提供覆盖创业全流程、全方位的服务。一是为创业年轻人提供几乎免费的创业咨询服务,包括信息服务、创业导师服务、与技术专家以及投资人见面、与其他创业家一起共享工作空间等。二是为初创企业提供价格低廉的共同办公场地。例如,为一些初创企业提供 3 个月一次性收费 300 美元的一站式服务。值得学习的是特拉维夫对市政资源的整合利用,如特拉维夫市政府创新性地将部分图书馆、咖啡厅改造转变为共创空间。这些公共办公空间的存在极大地促进了创业者之间的交流,激发了相互创业想法和热情,也利于相互帮助。三是为初创企业提供相应的税收优惠政策。特拉维夫对初创科技企业提供最高达 66%的税收优惠。

(3) 打造适合年轻人生活的城市和文化。在特拉维夫,18～35 岁的人口占总人口 33%以上,这些年轻人大多为大学毕业生和外来寻求创业机会的年轻人。特拉维夫努力构建吸引年轻人的生活方式,从覆盖全城的免费 wifi,到自行车共享系统,以及各种免费文化活动。

(4) 加强国际合作,吸引全球创业人才。为了生态系统更好发展,以创意、文化、背景和经验来拓宽初创企业的视野是十分重要的。对于特拉维夫来说,一个主要的障碍是 98%都是犹太人,而硅谷有

50%的初创员工都是外国人。因此,特拉维夫市政府提出了一个"城市间"的合作项目,与柏林、伦敦、巴黎、纽约等国际城市进行合作,鼓励一个城市的企业家在另外一个合作城市工作和开展事业。申请该项目的企业家可以在共创空间获得一个免费的工位、一位创业导师,可以与自己从事领域的初创企业联系。特拉维夫正在尝试开发"创业签证"项目,鼓励外国人才迁往特拉维夫。目前特拉维夫与中国北京、南京等城市间的合作也在日渐加强。

(5) 开放城市数据,激发人才创新活动。特拉维夫市政府将市政数据库的非保密信息向公众开放,包括社区服务、文体活动、公共卫生、市政预算、统计数据等 140 多个数据库,让创业者据此开发各类服务性应用,而且经常组织技术开发竞赛来激发创新活动。例如,2013年的获奖应用——"下一场战争"(The Next War),可以帮助用户在下一次区域冲突发生时最快地找到防空掩体、获得急救信息等,被开发者称为"下一个救命应用"。

7.4 经济环境与企业科技人才吸引力: 东北经济衰退中的人才流失现象[①]

东北三省经济起步较早,为新中国的发展壮大做出过历史性的贡献,有力地支援了全国的经济建设。但随着 80 年代中国实行改革开放,长三角和珠三角区域经济快速发展,东北的光环逐渐消退。2003年 9 月中央通过《关于实施东北地区等老工业基地振兴战略的若干意见》,2007 年国家发改委发布《东北地区振兴规划》,2009 年国务院发布《国务院关于进一步实施振兴东北地区等老工业基地振兴战略的若

[①] 参考资料:郭馨.浅析近年东北地区人才流失的原因[J].中国集体经济,2016(24):102-103;刘毅,高军,孙明哲.东北地区人才流失危机管理系统探讨[J].商业研究,2009(1):91-94.

干意见》,2012 年国务院批复同意《东北振兴"十二五"规划》,2014 年国务院印发《关于近期支持东北振兴若干重大政策举措意见》,2015 年中央审议通过《关于全面振兴东北地区等老工业基地的若干意见》,一系列包括国有企业兼并重组,推动地区与邻国间的贸易,培育包括从旅游业到软件制造业在内的各行业新企业的战略措施,使得东北地区 2008—2012 年的平均增长率为 12.4%,比全国水平高了近 3 个百分点,一度成为中国增长最快的地区。但近年来,东北经济增长发展缓慢,经济规模和增速都呈落后态势,2014 年东北经济下滑,黑龙江、辽宁、吉林 GDP 增速分别为 5.6%、5.8% 和 6.5%,分别位列倒数第二、第三、第四位。2015 年,辽宁、黑龙江、吉林 GDP 增速分别为 3%、5.7%、6.5%,辽宁排在末位,随之而来也出现了人才外流现象。根据 2010 年全国第六次人口普查数据,辽宁、吉林和黑龙江三省共流出人口 400 余万,冲抵流入的人口,东北地区人口净流出 180 万,经济环境变化直接影响到了当地企业的人才吸引力。

(1) 经济结构不合理影响人才吸引力。1949 年后,作为"共和国的长子""中国工业的摇篮",东北在全国最先建成全面的工业体系,成为中国在计划经济模式下建设工业化的样板和标兵,东北地区一度占有中国 98% 的重工业基地,制造业比例一直较高。而伴随着工业化、城镇化步伐的加快,中国大多数地区服务业占 GDP 的比例已经超过制造业,经济结构更加平衡,而东北却在向相反的方向发展,该地区制造业 GDP 占比仍然居高不下且制造业投资率保持在 60% 以上,服务业的比例却在下降。服务经济发展滞后特别是科技、信息等生产性服务业的滞后直接影响到了企业高端人才的集聚,而原有人才也往往由于经济结构不合理、产业转型升级慢而大量流出。

(2) 经济活力不足影响人才吸引力。与国有经济相比,民营经济机制灵活,往往更具活力,也是吸引人才的主力军。但从东北地区的情况来看,长期以来,该地区国有经济比例较高,民营经济发展缓慢。21世纪初期,东北地区三分之二的国内生产总值来自国有企业。目前,辽宁国有经济占比超过30%,吉林超过40%,黑龙江则超过50%,均远远高出全国平均水平。截至2014年底,东北地区民营经济占比最高的辽宁省也只有69.7%,整体上民营经济发展滞后。同时,东北地区很多民营企业与国有企业往往在生产经营上存在依附关系和体制上的"寄生"关系,也使得该区域缺乏具有竞争力的民营企业,直接影响人才的吸引力。

(3) 经济收益较低影响人才吸引力。经济环境恶化导致经济收益降低也是影响人才吸引力的重要因素。国家统计局公布的2014年平均工资主要数据显示,东北地区平均工资增速明显放缓。从四大区域来看,2014年,城镇非私营单位就业人员年平均工资由高到低排列是东部、西部、中部和东北,分别为64 239元、51 204元、46 828元和46 512元;同比名义增长率从高到低依次为东部9.7%、中部9.4%、西部9.0%和东北7.1%。人才需要合理的回报,而显然东北地区经济发展环境的滞后直接影响到了报酬,降低了人才的吸引力。

7.5 生活环境与企业科技人才吸引力:纽约城市规划的人本理念①

纽约是美国第一大都市,位于美国东海岸的东北部,是美国人口最多的城市,也是多族裔聚居的多元化城市。作为一座世界级国际化大都市,纽约的发展直接影响着全球的经济、金融、媒体、政治、教育、

———————

① 参考资料:SJ Mandelbaum. Review:PlaNYC:A Greener, Greater New York, Available from the Office of the Mayor, Office of Operations, 253 Broadway, 10th Floor, New York, NY 10007[J]. Journal of Planning Education & Research, 2007, 27(2):231-231;魏开,蔡瀛,李少云.纽约2030年规划的整体特点及实施跟进述评[J].规划师,2013,29(1):89-92.

娱乐与时尚界,其城市规划坚持以人为本,持续包容,为人提供宜居宜业环境,为纽约城市和企业吸引人才提供了有力支撑。2007年,纽约市出台了第一版综合规划《纽约城市规划2030:一个更加绿色、更加伟大的纽约》(PlaNYC 2030:A Greener, Greater New York)。其目标是到2030年,将纽约建成"21世纪第一个可持续发展的城市",从土地、水资源、交通、能源、空气、气候变化等方面制定了127项计划,有针对性地解决纽约城市发展的问题。2011年,纽约市第二版综合规划出台,深化了2007版的措施,加强了对城市环境稳定性和社区宜居性的承诺。2013年,经历了飓风"桑迪"后,纽约市发布了新版综合规划"一个更加强壮、更具韧性的纽约",提出城市为适应气候变化影响(海平面上升和极端气候等)应采取的策略。2015年10月,纽约市政府(NYC)推出了最新版城市规划,主题是"一个纽约城"规划:建设一个富强而公正的纽约(One New York:The Plan For a Strong and Just City)。"一个纽约城"是一项综合性的规划,该规划的远景在于为实现长期的、以人为本的、富有活力和吸引力的城市发展愿景进行清晰的目标陈述和设计,并通过相应指标进行落实。

7.5.1　愿景一:繁荣兴旺的城市

纽约城仍是全球最具活力的经济体,家庭、商业和社区生机勃勃。预计到2040年,城市人口将达900万,创造就业岗位490万个,180万纽约市民实现上下班45分钟内交通换乘,比目前提高25%。中等家庭收入水平不断提高,纽约城将继续成为国家经济发展的引擎。为实现以上目标,在工业方面,纽约将具备成为一个全球性经济领头羊的潜力,实现跨部门的平等就业。例如,提高私人部门在创新工业中的份额,从目前的15%提高到2040年的20%。在就业方面,纽约城将拥有具备21世纪竞争技能的劳动力。在当前61%的基础上,继续提高劳动力参与水平。增加每年受政府资助参与产业培训的人数,到

2020 年达 30 000 人。提高纽约市公立高中毕业生数量。在高增长的产业,利用"一个纽约城"投资,培训并雇佣纽约市民。在居住方面,纽约人将享受价格实惠的、高质量的、具备完善基础设施和社区服务的住房。在本区域内增加 110 万套住房,2040 年总计达到 840 万。融资建设 8 万套保障性住房单元,2024 年可购房屋保有量达 12 万。支持 16 万套新建住房,到 2040 年增加 25 万～30 万套。具体的首创工作是创建和保有 20 万套保障性住房单元。社区方面,为缺医少药的社区提供财政工具,购置新物品,并在社区基础设施建设方面进行联合投资,纽约社区将继续蓬勃发展。在文化方面,通过增加社区公共文化活动的数量,支持社区文化组织、伙伴关系和相关活动,使纽约人更加便捷地享受文化资源和文化活动。在交通方面,纽约城的交通网络将更可靠、更安全、更可持续,满足纽约市民的全部需要,支持城市经济增长。到 2040 年,曼哈顿核心区整体交通运力将提高 20%;到 2020 年,骑自行车的人数将翻一倍。通过铁路和水运,提高区域内货物运输份额。基础设施规划管理方面,纽约城的基础设施和建筑环境将彰显其在全球经济、环境和社会中的领导地位。对能带来经济、环境和社会效益的基础设施进行投资,并加强资本项目交付。在宽带网络方面,到 2025 年,每个居民和企业将可随处获得价格实惠的、可靠的、高速的宽带服务。到 2025 年,纽约市民家庭网络接入率将由 78.1% 提高到 100%。到 2050 年,纽约市民将公共场所更加便捷地接入免费无线网络,在每家 1/8 英里范围内的无线网络接入率将由 13.95% 提高至 100%。增加可提供快速、实惠、可靠的千兆网速(每秒 1 千兆比特)或更快网络连接的商家数量。为低收入社区提供廉价网络,建设投资宽带走廊。

7.5.2 愿景二:公正公平的城市

纽约城将建设一个包容性高、公正公平的经济体,为每一个纽约

人提供高薪的就业机会,保证他们在城市生活的尊严和安全。"一个
纽约城"规划制定了一系列反贫困措施。到 2025 年,使 80 万纽约市
民脱离贫困线。目前近半数市民生活在贫困线范围内。其中,23.6%
接近贫困线,15.8% 处于贫困线,5.7% 极端贫困,总计 45.1%。到
2040 年,将过早死亡率降低 25%,显著减少种族和民族差异。增加中
产阶级家庭收入。有计划地提高最低工资标准,实施反贫困措施。
2016 年,努力将时薪提高至 13 美元以上。考虑通胀因素,将时薪在
2019 年提高至 15 美元。为实现以上愿景,具体的措施有:①童年保
护。让每个纽约儿童都在抚养和保护中茁壮成长。通过保障孕妇健
康和保护新生儿措施,降低婴儿死亡率 20%。同时,大大减少种族和
民族差异。另外,所有 4 周岁儿童将获得免费的、全天的、高质量的托
儿所服务;探索为 3 周岁儿童提供托儿所服务,开发高质量儿童保育
综合方案。②综合性政府和社会服务。让所有纽约市民都享受到高质
量、位置便捷、以社区为基础的城市资源,促进公民参与。③创建健康社
区,促进积极生活:让所有年龄段的纽约市民在社区中健康地生活、工
作、学习、玩耍。④提供保健服务。纽约市民将获得必要的生理和心理
保健服务。提升居民获得满意医疗保健的比例;使更多受严重心理困
扰的成年人获得心理治疗;完善获取高质量关键保健服务的渠道,将
HHC 转变为以社区为基础的防护与理疗系统;在高需社区建立健康
诊所;增加心理健康和毒品滥用护理的居民获取途径;与国家合作,建
立病人信息一体化系统。⑤刑事司法改革。在美国大型城市中,纽约
将继续成为最为安全、犯罪率最低的城市。纽约的刑事司法系统将继
续成为美国公平和效率领域的领头羊。⑥零死亡愿景。纽约人将坚
持"零死亡愿景"行动计划,不允许任何交通事故在纽约街道上发生。

7.5.3　愿景三:可持续发展的城市

纽约市将成为全球最佳可持续发展大都市以及对抗气候变化的

全球领导者。到 2050 年,城市温室气体排放量将减至 2005 年的 80%;到 2030 年,城市废物处理量将减至 2005 年的 90%;减少高危地区暴雨引发洪水的危险。通过实施区域温室气体减排政策,转变交通发展方式,实施垃圾管理零排放等措施,实现温室气体减排;到 2050 年,纽约市温室气体排放量将低于 2005 年的 80%。到 2030 年,纽约将成为美国空气最好的大型城市;通过土地整改措施发挥土地的最大潜能。加速回收民用加热锅炉,减少移动端排放,将二氧化硫排放减少至 2013 年的 50%,PM2.5 排放减少至 2013 年的 80%。水资源管理方面,为市民提供高质量的用水服务。公园和自然资源的利用方面,纽约市民将从有益的、可用的、美丽的户外空间中受益。

8 研究结论与建议

8.1 主要研究结论

本书在文献综述的基础上,结合问题导向,构建了理论分析框架,并以此为理论指导,对企业高层次科技人才吸引力的影响因素作了分析,同时利用结构方程作了实证研究,并选择了若干企业的高层次科技人才进行了调研访谈,开展了多角度的案例研究,主要从理论研究、企业高层次科技人才吸引力的影响因素两个角度进行了思考。

8.1.1 激励理论的再认识

在本研究中,企业内部因素是对企业吸引力影响最大的直接因素,这与常识正好吻合。根据调查量表最后的分析,企业内部因素的维度可以划分为基本保障、研究条件、激励、沟通和发展五个维度,是对已有激励理论的一种综合应用。在这五个因素中,在满足了薪酬待遇等基本保障的基础上,高层次科技人才更加看重的是研究条件和发展机会两个维度(通过结构效度验证中的权重得知)。基本保障主要包括薪酬、解决户口和提供基本保险三个维度,而所涉及解决住房问题却归类到激励因素中,反映出与以往理论研究的不同状况。在研究条件中除了基本的硬件条件保障外,还包括企业对高层次科技人才的重视和对科技研发活动的自主性等内容,因此企业不仅仅需要保证科研的硬件设施来吸引科技人才,同时还要建立一种机制能够充分重视高层次科技人才,并给予充分的自主性和决策权,保证其能根据个人兴趣进行科研活动。发展机会包括企业对于高层次科技人才充分肯定、提供施展能力的机会、提供实现抱负的平台等,表明了对于未来成就感的追求也是高层次科技人才关心的一个方面,企业若不能很好地满足其对于成就感的追求也将无法长期留住人才。

8.1.2　企业高层次科技人才吸引力的核心及辅助影响因素

通过对调查问卷的统计分析,本书得出一些结论。首先,通过独立样本 T 检验和方差分析发现,除性别这一个人属性对各变量均无影响外,其他如年龄、学历等个人属性和企业销售收入、规模等企业属性对不同的变量均有显著影响。性别的影响不显著,表明在高层次科技人才中,男性与女性的工作、成长环境和拥有的权利已经没有显著差异,而出现这种现象的原因可能是与女性高层次人才自身素质和能力的不断提高和社会对于女性高科技层次人才的充分认可分不开的。年龄对人才政策、生活环境和经济环境有影响,对企业内部因素、产业发展环境和吸引力没有影响;学历除对生活环境变量没有显著影响外,对其他变量均有影响;职称对生活环境和经济环境未产生显著影响,对其他变量均产生显著影响。管理级别对企业内部因素和人才政策有显著影响,而对剩余的三个变量没有显著影响。在企业属性层面上,企业成立时间对高层次科技人才个体关于生活环境和经济环境的评价并没有影响,而对其关于其他剩余因素的评价有显著影响;企业销售收入对高层次科技人才个体关于人才政策的测评没有显著影响,而对其关于其他剩余因素的评价有显著影响;企业人员数和进入企业的渠道对高层次科技人才关于各因素的评价均有影响。独立样本 T 检验和 ANOVA 的结果为下面政策建议提供了多个角度的思考。

其次,假设的证明。通过两两的相关性分析,全部假设均得到充分验证,没有需要考虑剔除的因素;然而,利用简单的两两相关性存在若干潜在的问题,主要是两两相关的验证方式并不能对两变量之外的其他变量进行约束,不能反映因素之间的作用机制。因此,结构方程被应用来进一步验证原来提出的假设。通过结构方程的验证:生活环境对企业内部因素和企业科技人才吸引力均没有影响,因此高层次科技人才对于生活环境的感知可能更多受到其他因素影响;经济环境和人才政策对企业科技人才吸引力均没有直接影响,而是通过企业内部因素产生影响,表明企业内部因素的中介作用、良好的经济环境和人才政策都离不开企业的真正支持;也反映出高层次科技人才对于城市的选择不再单单取决于经济发展情况的影响。产业发展环境对企业科技人才吸引力既有直接影响又有间接影响,同时也是对企业科技人才吸引力作用最大的因素,表明地区产业发展环境对吸引高层次科技人才的重要性。企业内部因素是影响企业科技人才吸引力最直接的因素,也是作用第二位的因素,因此完善企业自身的内部机制也是重要的。

为弥补定量研究在细节上的不足,同时进一步解释影响因素之间的内在关系,本书采用了案例分析的方式进行补充。案例分析表明:高层次科技人才在选择企业时,会对产业发展环境、企业内部因素、企业周边的生活环境、人才政策环境和经济环境五个因素综合考虑,每个因素影响都并非决定性的,高层次科技人才根据其个人的因素排出相对重要性。如在女性高层次科技人才调研中,影响其选择的并不只是上面的几个因素,还有家庭的因素,以及企业内部因素中的工作稳定性。另外,在年轻时高层次科技人才更看重的是产业的发展和学习教育的机会,成家后更看重的是将来企业提供发挥平台的稳定性和子女教育等外部因素。同时由于调研的对象主要是北京高新技术企业中的高层次科技人才,而北京高新技术企业在吸引高层次科技人才时有其特殊性,如北京在进京户口指标方面限制比较严,很多高新技术企业的人才都没有北京户口,由于户口影响到子女未来教育尤其是高等教育,因此成为关系到是否真正能够留住高层次科技人才的主要因素之一。本书的讨论研究是在尽量排除其影响后做出的,以期能使研究更具普遍性。

8.2　政策建议

从世界范围来看,尽管金融危机导致世界经济陷入低谷,但是全球化深入发展的进程却依然不会受到根本性改变,资源全球化配置持续进行,各国经济联系将愈加紧密,国际竞争将进一步加剧,各国在资源、市场、资金、技术创新、新兴产业制高点等方面的争夺将更加激烈,利益分配以及国际事务规则的制定也将成为博弈的重要内容。全球新一轮科技创新浪潮持续推进,创新驱动引领可持续发展的动力引擎不断升级,这其中,企业是创新的主体,人才是创新的关键。全书在总结已有的关于科技人才和高层次科技人才研究的基础上,总结和验证了企业高层次科技人才吸引力的现状和存在的问题——对高层次科技人才重视的不足、高层次科技人才在流动过程中人事方面的限制、已有的人才政策虽多但能真正落实的较少,以及针对本土高层次科技人才的培养和使用还需要完善等。本研究通过问卷调查和调研访谈的方式均不同程度地折射出这些存在的问题,因此下面的政策建议也将针对以上问题提出。

8.2.1　产业环境方面

1) 加强产业发展环境建设,吸引高层次科技人才

由于产业发展环境对人才选择企业工作有着直接的影响,而高层次科技人才在选择城市或者选择企业时看中的也是行业前景等带来的发展机会,政府可以通过税收优惠、金融政策等来引导企业在相关领域投资,提供配套的基础设施促进企业在产业园区内落户,形成产业集群,推动产业的快速发展,同样也可以使用多元激励方式吸引高层次人才的到来。尽管配套的生活基础设施对于人才选择企业工作影响度不大,但如果企业周边的生活配套设施完善,会有助于高层次人才减少后顾之忧,长期、安心地在企业工作。

2) 针对产业发展的不同阶段采取一定措施

通过上面实证研究发现,能否吸引科技人才在很大程度上取决于是否有良好的产业发展环境,使高层次科技人才能够尽其所能。

首先,在产业发展初始阶段,政府通过完善所需要的基础设施建设,吸引新型企业的到来,并提供配套资金和设施。以无锡的人才引进为例。无锡新区按照国际化的标准,兴办了无锡科技创业园、留学生创业园、国家集成电路设计(无锡)产业化基地、无锡软件园等,充分发挥园区体制新、机制活、增长快、高科技集聚等方面的优势,为国内外的高层次人才提供了一个方便进入、“不在国外,胜似国外”的产业园区环境。同时无锡新区还筹集几十亿元巨资先后建设了包括外商公寓、留学生公寓和国际化医院等配套的住用娱乐设施。

然后,在产业发展过程中,政府通过引导相关金融机构而非直接参与向需要扩充生产规模的企业提供资金支持。银行和产业发展基金应根据企业的发展情况投资,企业要获得持续投资需要保障盈利水平。另外,在产业发展过程中,为了培养和使用高层次科技人才,园区依托高校和科研院所建设高层次智囊人才载体。

　　最后,对于传统产业,政府应积极引导制造加工环节外迁,保留两端的研发设计和营销环节,实现价值链的产业升级。

　　总体来看,在我国由世界制造中心转成创造中心、创新中心的过程中,企业还远不是真正意义上的企业,等到企业发展到有技术主导权,能够处于产业发展的高端,才能引领整个行业发展。只有企业发展到这样一个阶段,我国针对企业科技人才政策的作用和效力才能更好地得以发挥。

8.2.2　企业内部因素

　　企业内部因素的完善,对吸引和留住高层次科技人才非常重要。企业应根据其发展阶段、类型和科技人才的特点制定不同的发展策略。

　　1) 在激励体系设计上需要把握系统性和持续性原则

　　激励是一个系统工程,讲究对科技人才的行为进行全过程的激励,它包括了科技人才招聘、职业发展规划、科技人才成长机制、绩效评价、多元化薪酬体系等一系列措施,需要建立和健全与激励机制相配套的相关管理制度。比如在薪酬激励上就需要明确的工作分析和绩效评价体系作支撑,如果绩效考核结果不能正确反映科技人才业绩的真实情况,科技人才就会产生极强的不公平感,增加组织内部矛盾。激励制度的持续性是指制度一旦确定就不得随意更改,要在长时间内维持稳定,否则会造成科技人才业绩相同激励不同的问题,这会导致工作积极性的降低。企业应对所有激励行为进行适时调节,只有激励的各方面都朝着有序的方向发展,才能获得良好的激励效果。

　　2) 根据企业发展阶段、企业类型和科技人才特点选择合理的激励组合方式

　　中小企业在资金、技术、管理水平上都与大企业有很大的差距,绝不能完全照搬大企业的激励模式。满足科技人才需要是激励的起点,

而科技人才的需要存在着个体差异性和动态性,因此中小企业可以根据科技人才的不同层次进行"分层激励"。对基层科技人才以薪酬激励为重点,中高层次科技人才则考虑将权益激励等物质手段和职业生涯规划、工作激励、文化激励等精神手段相结合,满足不同层次科技人才的需要。

3) 合理利用多种物质激励模式

现阶段我国中小企业物质激励仍是最基本的激励手段,同时,科技人才收入及居住条件的改善也影响其社会地位、社会交往,甚至学习和文化娱乐等精神需要的满足。企业的绩效考评结果要与薪酬直接挂钩,并且严格执行,同时工作绩效考评力求公正。要运用多种物质激励模式,比如,用于激励高层次科技人才的岗位工资、资历工资、技能工资、业绩工资等多种工资类型的组合;对于已经发展成熟的企业,激励高层次科技人才可以考虑采取股权激励等手段。

4) 加强企业文化建设,宽容失败,鼓励创新

企业文化反映了一个企业科技人才的整体精神面貌、共同的机制标准、合乎时代的道德和追求发展的文化素质,它在增强企业内聚力、向心力等方面起着重要作用,同时企业文化也是影响高层次科技人才企业集聚的重要影响因素。因此,企业必须在注重建立物质激励机制的同时,着手建立与之相应的精神激励,并贯彻始终。

8.2.3 国家政策方面

虽然在实证模型中,人才政策对企业科技人才吸引力的影响作用相比较于产业发展环境和企业内部因素较小,但在调研中可以看到有些政策还是让企业中的高层次科技人才受益的,当然政策还有待进一步完善。政府作为公共政策的提供者,可以在一定程度上弥补市场机制的缺陷,强化企业科技人才吸引力。人才是企业创新的核心,直接影响和决定着企业的创新动力、活力和能力。推动企业科技人才吸引

力,也需要从政府的角度,培育和积累创新人力资本,深入推进人才激励机制改革与创新,充分尊重人才的价值追求,做好政策、资本、市场、管理等方面的配套服务,重点建立短期激励与长期激励相结合的人才发展支撑体系,以期更好地强化高层次科技人才企业集聚能力。

1)加强科技人才政策的落地实施

面对国际国内的新形势、新变化,国家和地方都制定了一系列科技人才政策。2016 年 3 月,中共中央印发了《关于深化人才发展体制机制改革的意见》,着眼于破除束缚人才发展的思想观念和体制机制障碍,解放和增强人才活力,形成具有国际竞争力的人才制度优势。综合国力竞争说到底是人才竞争。要加大改革落实工作力度,把《关于深化人才发展体制机制改革的意见》落到实处,加快构建具有全球竞争力的人才制度体系,聚天下英才而用之。要着力破除体制机制障碍,向用人主体放权,为人才松绑,让人才创新创造活力充分迸发,使各方面人才各得其所、各展其长。要树立强烈的人才意识,做好团结、引领、服务工作,真诚关心人才、爱护人才、成就人才,激励广大人才为实现"两个一百年"奋斗目标、实现中华民族伟大复兴的中国梦贡献聪明才智。同期出台的"十三五"规划纲要还首次提出要"实施人才优先发展战略",要求"把人才作为支撑发展的第一资源,加快推进人才发展体制和政策创新,构建有国际竞争力的人才制度优势,提高人才质量,优化人才结构,加快建设人才强国"。

同时,一些地方政府也积极出台地方人才政策,为吸引人才提供支撑和服务。北京市发布了《首都中长期人才发展规划纲要(2010—2020)》,提出到 2020 年"确立支撑世界城市建设的人才竞争优势,成为世界一流的人才之都"的人才发展目标。规划纲要中还提出了"创新机制、服务人才、高端带动、引领发展"的人才发展 16 字指导方针,要求加快确立首都人才优先发展的战略布局,并提出 9 项重大任务和 12 项重点工程。2015 年 10 月,北京市委、市政府联合中组部、国家发改委、教育部等十部委发布《关于深化中关村人才管理改革的若干措施》，率先推动包括简化外籍高层次人才永久居留证办理程序、简化外籍高层次人才签证及居留办理程序、扩大人力资源服务业对外开放在内的 8 项创新举措，从多方面为外籍人才创业就业提供便利。公安部从 2016 年 3 月 1 日开始实施支持北京创新发展的 20 项出入境政策，涉及外国人签证、入境出境、停留居留等方面，主要服务在北京创新创业的外籍高层次人才、外籍华人、创业团队外籍成员和外籍青年学生四大类外籍人才，将极大地促进北京吸引集聚更多海外高层次人才和创新创业人才。

科技人才政策供给对需求的满足主要是通过加强对人才资源的重视、激励与评价政策、人才引进和培养政策、机制保障等具体人才政策群的实施效果来重点体现，还有具体的政策工具，比如人才计划、财税和金融政策工具等，而不仅仅是单一的某项政策。我国企业科技人才政策具有关联性、区域性等特征。不同发展时期，政策的供需存在一定程度的不匹配，两者之间本应表现出一种正相关的导向关联，但由于政策的供给要经受实际情况的检验，因此在政策的绩效出现滞后的情况下，政策的供给来不及调整，可能会在某一阶段出现政策供给不能满足科技人才需求的情况，特定时期两者也会形成负相关的导向作用。

建议进一步梳理和废止已经无实际效力的人才政策，重新制定新的有需要的相关政策，对还在实施的人才政策进行评估，采取政府部门专门赴科技园区对企业进行宣讲，或者通过媒体（如电视、报纸、期刊、网站、微信、微博等）等多种方式进行政策宣传，并增加政府官方网站对于政策的实时更新和实施细则公布，从而更好地增强政策的公信力，让适用人群更自由地享受政策所带来的便利。在政策的制定和宣传过程中，尤其是需要注重对中小型科技创新企业的关注，促进高层次科技人才向中小型科技创新企业的流动。

2）凝聚和激励一大批创新创业企业科技人才

我国科技人才激励政策存在的不足既是我国政策环境发展过程中必经的一个阶段，同时，也反映出我国社会发展变化速度加快导致部分政策落伍的现实。为此，要加快完善、创新的步伐，及时增加新的具有前瞻性、同国际接轨的政策，修订落伍的政策内容，淘汰一些不合时宜的政策。同时，把一些政策上升为法规，以推动其落实。高层次科技人才政策的建设是一个系统工程，它包括政策的制定、落实、评估、反馈等多项内容，任何一个环节出现问题，政策的有效性就会大打折扣。要把人才激励政策体系当作一个完整的系统来建构。既要完善"国家科学技术奖励""政府特殊津贴"、股权激励、个人所得税优惠、工资等直接激励政策，还要考虑增加专门针对企业科技人才的人才计划、加强产学研科技人才之间的自由流动、完善社会保障体系等，以及要从培养、评价、选拔、使用等多个角度着手，不断加大高层次科技人才激励政策落实的力度，因为再完善的科技人才激励政策如果得不到有效落实，也就无法实现政策满足科技人才需要的诉求，而且要激励手段多样化、人才配置市场化、激励程度国际化。

研究制定对高层次科技人才的个人收入所得税给予减免调整的相关政策。对于在企业中工作的高层次外籍科技人才，结合国家海外人才引进的相关政策给予优惠和支持。统一企业与科研单位的社保接口，鼓励硕、博士毕业生到企业就业，引导部分科研单位的科研人员向企业流动，也允许有一定经验和成果的企业科技人才到科研院所工作。支持科研单位的科研人员参与科研成果的转化，允许他们以多种形式与企业进行联合开发。进一步加强对科技人才的成果、专利的保护，并进一步落实其在科研成果转化过程中应该享有的各项权利。

3）逐步完善事业单位离岗创业和成果转化政策，促进高层次科技人才向企业集聚

依靠核心技术，通过领办、创办和协办企业走上创业成功道路的

高层次科技人才,需要新政策开辟畅通渠道和激励措施加以支持。第一,支持大学、研究院所科技人员以转化科技成果为主要目去创办企业,三年内原单位应当保留原身份和回原单位竞争上岗的资格。对高层次科技人才制订一定期限内保留岗位、保障退休待遇等政策,引导其向企业流动或以多种方式参与企业创新;第二,经研究机构、大学同意,职务技术成果完成人及其团队主要成员可以将该职务技术成果投资入股或办企业,并享受成果形成股权的70%,以支持科技人才创新创业;其股权收入可暂不交纳个人所得税,待兑现时再缴纳个人所得税;高层次创新人才办企业所得收入,自取得应纳税收入起连续三年免征个人所得税,企业支出的高层次创新人才收入计入研发费用,加计抵扣企业应纳所得税;第三,对于高层次科技人才离开原事业单位办企业的,尤其是对做出重大贡献的高层次科技人才,国家应建立进一步提高其社保水平的制度,提高其社保水平。

4) 切实推进产学研多元化合作,加强产学研科技人才之间的自由流动

产学研合作是企业高层次科技人才成长的必由之路,也是企业创新型科技人才教育成才与岗位成才的重要节点。制定和实施《国家产学研合作法》,明确规定政府、大学、科研院所和企业的义务和责任,保障产学合作持续健康发展。要花大力气切实推进企业、研究院所与大学的合作,开展产学合作教育、产学合作研究和产学合作拓展三位一体的"全面产学研合作"体系。鼓励企业在大学建立实验室、研究所或设计所,作为学生工程创新实习和工程师再培训基地;鼓励在企业建立开放式工程实习基地,为学生提供优良的生产实践场所。

5) 考虑设立国家工程科技基金

大力度持续稳定地支持技术研发和科技创新活动,对促进企业早期介入科技创新,提高科技成果转化率,培养和造就大批优秀的工程科技人才,具有不可替代的重要作用。工程科技基金的设立势必为我

国企业发展提供支撑,也将为我国科技和经济社会的稳健发展注入新的、持久的活力。

6)政策应紧密关注民营企业,科技人才政策面临系列转变

不同历史发展阶段政策对科技人才结构的导向效果不同,在现阶段,从优化科技人才结构的角度看,强调创新要素向企业集聚,那么科技人才政策的出台就应更加关注向企业倾斜,面向企业的科技人才政策要面临一系列的调整。主要在科技人才培养从重学历向重创新能力转变;科技计划从重视事业单位向企业适当倾斜;科技人才引进应从补助性政策向建设性政策转变,未来应以优化工作环境、搭建创新与创业的平台为重点;科技人才评价政策应向从个性化评价向社会化评价机制转变;科技人才激励应从单一的政府激励向政府激励、社会激励以及科学共同体激励等多元激励形式转变,同时在科技人才政策颁布后要有较为详细的可操作的实施方案出台。

7)积极吸引国际高端人才

重点面向全球,引进我国企业急需、达到世界前沿水平、对产业发展有重大影响、能够产生重大经济和社会效益的人才,制定完善、有竞争力且更加符合国际惯例的人才政策,形成覆盖国际人才集聚各环节(包括人才引进、培养、评价、流动、使用、激励保障和生活配套等)的人才政策体系,同时加快创建与国际接轨的人才开发体制机制,建立与国际接轨的薪酬体系、执业资格认证制度和职业准入制度等,完善国际化的人才发展环境。

8)处理好政府与市场的关系

尽管政府在强化企业科技人才吸引力方面发挥着十分重要的作用,但仍然要正确审视产业发展中政府与市场的边界。因为政府在实践中也往往具有局限性,存在政府行为不能增进经济效率或政府资源配置不当的“政府失灵”现象。具体表现在:一是政府不具备完全理性。现实中,政府的人才政策和目标作为国家意志可能是明确合理

的,理论上也是有效的,但由于信息不充分不对称、管理对象不确定等,使政府无法突破有限理性的局限,这会导致政府在支持企业科技人才发展的过程中,会出现政策制定偏差、执行不力或过度等问题。二是政府力量有限。政府行为往往具有其自身的成本特性,即政府所承担的、实施政策所需的边际成本具有逐步增加的趋势,这导致政府在支持人才发展中往往会陷于财力不足的困境,过度依赖政府为企业集聚人才往往缺乏可持续性。所以,强化企业科技人才吸引力,要特别重视政府与市场的关系。把握好政府行为边界,在制定人才政策时要充分发挥市场配置资源的决定性作用,要把最终决定权留给企业自身。

附录 企业高层次科技人才吸引力影响因素调查问卷

尊敬的女士/先生：

您好，非常感谢您百忙之中抽出宝贵时间来填写问卷！

本问卷旨在了解高层次科技人才向企业集聚（或者选择到企业工作）的影响因素，不针对具体的企业或者单位。您可以根据个人理解和实际经验来回答相关问题，您的回答将提供有价值的信息，从而为我们更好地开展企业高层次科技人才的吸引工作提供依据。感谢您的理解和支持！

第一部 基本情况调查

对下列问题，请您在所选答案前的方框内打"√"（直接在方框中点击选项即可）；如无特殊说明，问题都为单选。

1. **您的性别：**

　□ ① 男　　　　　　　　□ ② 女

2. **您的年龄：**

　□ ① 20～30 岁　　　　　□ ② 31～40 岁

　□ ③ 41～50 岁　　　　　□ ④ 51～60 岁

3. **您的学历**

　□ ① 本科以下　　　　　□ ② 本科

　□ ③ 硕士　　　　　　　□ ④ 博士

4. **您的职称**

　□ ① 无　　　　　　　　□ ② 中级

　□ ③ 副高级　　　　　　□ ④ 正高级

5. **您的管理级别**

　□ ① 无　　　　　　　　□ ② 中层管理

　□ ③ 副总经理　　　　　□ ④ 总经理

6. **您所在企业的创立时间：**

　□ ① 5 年以下　　　　　□ ② 5～10 年

　□ ③ 10～15 年　　　　 □ ④ 15～20 年

　□ ⑤ 20 年以上

7. **2009 年企业销售收入：_____(万元)；**

　□ ① 1 000 万以下　　　□ ② 1 000 万～3 000 万

　□ ③ 3 000 万～3 亿元　□ ④ 3 亿以上

8. **您所在企业的员工数量_____(人)**

　□ ① 100 人以下；　　　□ ② 100～500 人

　□ ③ 500～2 000 人　　 □ ④ 2 000 人以上

9. **按《国家重点支持的高新技术重点领域》,您从事的技术领域主要是：**

　□ ① 电子信息技术；　　□ ② 生物与新医药技术；

　□ ③ 航空航天技术；　　□ ④ 新材料技术；

　□ ⑤ 高技术服务业；　　□ ⑥ 新能源及节能技术；

　□ ⑦ 资源与环境技术；　□ ⑧ 高新技术改造传统产业；

　□ ⑨ 其他,请注明_____。

10. **您所在的企业位于：_____ 市_____ 区(县)**

11. **您所在企业的性质是：**

☐ ① 国有企业；　　　　　☐ ② 外资企业；

☐ ③ 民营企业；　　　　　☐ ④ 合资企业；

☐ ⑤ 其他，请注明_____。

12. **您选择进入企业工作的途径：**

☐ ① 经人介绍　　　　　☐ ② 招聘单位网站

☐ ③ 中介平台　　　　　☐ ④ 其他

13. **如果您有更好的选择，离开本企业后，您的工作去向意愿是：**

☐ ① 高校　　　　　☐ ② 科研院所

☐ ③ 国有企业　　　　　☐ ④ 事业单位

☐ ⑤ 政府部门　　　　　☐ ⑥ 创业

☐ ⑦ 出国　　　　　☐ ⑧ 民营企业

☐ ⑨ 其他，请注明_____

第二部分　高层次科技人才向企业集聚的影响因素调查

对于下列问题，请您结合自己的工作和生活情况，在相应的数字上（代表符合你想法的程度）打"√"：

序号	具 体 问 项	完全不符	有点不符	基本符合	较多符合	完全符合
		1	2	3	4	5
1	提供较高的薪酬待遇					
2	提供股权					
3	解决户口问题					
4	解决住房问题					
5	提供种类齐全的保险					

（续表）

序号	具 体 问 项	完全不符	有点不符	基本符合	较多符合	完全符合
		1	2	3	4	5
6	提供先进齐全的科研设备,科研条件较好					
7	提供鼓励创新的科研环境					
8	企业领导与员工关系融洽					
9	企业同事之间关系融洽					
10	培训机会多,并能经常参与国内外会议交流					
11	所在企业创新团队有很好的合作精神					
12	企业重视高层次科技人才					
13	能自主决定技术攻关和创新的方向					
14	能经常参与企业技术攻关的策划、讨论					
15	企业对我所完成的工作给予肯定					
16	企业安排的工作充分发挥了我的能力					
17	企业为我将来的发展提供了条件					
18	企业为我提供了实现抱负的平台					
19	企业所属的产业在该城市的聚集度高					
20	企业所属的产业在该城市布局完整					
21	企业所处的行业发展前景良好					
22	企业与相关政府部门关系良好					

（续表）

序号	具 体 问 项	完全 不符	有点 不符	基本 符合	较多 符合	完全 符合
		1	2	3	4	5
23	同产业中有外资企业在该城市					
24	个人所得税优惠政策					
25	灵活的户籍政策及人事代理政策					
26	政府出台的股权激励政策					
27	政府出台的面向企业的优秀科技 人才计划					
28	政府出台的鼓励个人创业的政策					
29	企业所在区域餐饮条件良好					
30	企业所在区域的交通便利					
31	企业所在区域周边购物方便					
32	企业所在区域居住条件好					
33	企业所在区域教育条件好					
34	企业所在城市或区域的经济发展 水平高					
35	企业所在城市或区域的人才市场 完善（完善）					
37	企业所在的城市商业氛围好					
38	企业所在的城市鼓励企业创新， 整体创新氛围好					
39	企业所在的城市宽容失败，鼓励 新想法、新技术、新方法					
40	企业所在的城市鼓励和支持人们 创业					

第三部分　企业科技人才吸引力的测量指标

对于下列问题，请您结合自己的工作和生活情况，在相应的数字上（代表符合你想法的程度）打"√"：

序号	具 体 问 项	完全不符	有点不符	基本符合	较多符合	完全符合
		1	2	3	4	5
1	对我来说，该企业是一个很好的工作地点					
2	该公司对我具有吸引力					
3	该公司的职位非常吸引我					
4	对我来说，该企业是一个有吸引力的就业地方					
5	如果重新选择，我依然会选择该企业					
6	我将会与该企业续约					
7	如果企业提供升职的机会，我会接受					
8	我将会向找工作的朋友推荐该企业					
9	我将会为企业付出更多的、长期的努力					
10	我愿意长期留在该企业					
11	我愿意在该企业的附近长期定居					
12	我不愿意离开该企业					
13	我为在该企业工作而感到自豪					
14	我会觉得这家公司是一个声望很高的工作场所					

（续表）

序号	具 体 问 项	完全不符	有点不符	基本符合	较多符合	完全符合
		1	2	3	4	5
15	这是一家声誉良好的企业					
16	可能会存在很多人想要在这家公司工作					
17	这份工作比起大多数人的工作来说还是有很多好的方面					
18	未来一年内,我会试着去寻找新的工作					
19	只要我愿意,我可以轻松在其他省市找到另一份工作					
20	可供我挑选的其他工作要比我现在的工作好很多					

第四部分 开放式问题

以下有三个开放式问题,请谈谈您的看法。不必拘泥于形式,可自由回答。

1. 谈谈您对企业高层次科技人才的理解和界定(什么样子的人符合企业高层次科技人才要求)

(1)＿＿＿＿＿＿＿＿＿＿＿＿＿＿＿＿＿＿＿＿＿＿＿＿＿＿

(2)＿＿＿＿＿＿＿＿＿＿＿＿＿＿＿＿＿＿＿＿＿＿＿＿＿＿

2. 要推动高层次科技人才向企业流动或集聚,您认为政府在出台政策方面应做什么?

(1)＿＿＿＿＿＿＿＿＿＿＿＿＿＿＿＿＿＿＿＿＿＿＿＿＿＿

(2)＿＿＿＿＿＿＿＿＿＿＿＿＿＿＿＿＿＿＿＿＿＿＿＿＿＿

3. 您认为哪些因素影响了高层次科技人才向企业的集聚或流动？

(1)＿＿＿＿＿＿＿＿＿＿＿＿＿＿＿＿＿＿＿＿＿＿＿＿＿＿＿＿＿＿

(2)＿＿＿＿＿＿＿＿＿＿＿＿＿＿＿＿＿＿＿＿＿＿＿＿＿＿＿＿＿＿

本次调查结束,真诚地感谢您的合作! 谢谢!

参考文献

[1] AIMAN-SMITH L, BAUER T N, CABLE D M. Are you attracted? Do you intend to pursue? A recruiting policy-capturing study [J]. Journal of Business and Psychology, 2001,16(2): 219 – 237.

[2] BAEK-KYOO JOO, MCLEAN G N. Best employer studies: A conceptual model from a literature review and a case study [J]. Human Resource Development Review, 2006,5(2): 228 – 257.

[3] BARNEY J B. Firm resources and sustained competitive advantage [J]. Journal of Management, 1991,17(1): 3 – 10.

[4] BARROW S, MOSLEY R. The employer brand [M]. John Wiley & Sons Ltd, 2005.

[5] BEHRENS K, DURANTON G, ROBERT-NICOUD F. Productive cities: sorting, selection and agglomeration [J]. Journal of Political Economy, 2014,122(3): 507 – 553.

[6] BLACK D, HENDERSON V. A theory of urban growth [J]. Journal of Political Economy, 1999,107(2): 252 – 284.

[7] BRETZ R D JR. The role of human resource systems in job applicant decision processes [J]. Journal of Management, 1994,20(3): 531 – 551.

[8] CHONGHUAI N, HAIYANG J. The talent accumulation effect and environment in Silicon Valley and Zhongguancun: a comparative study [J]. Chinese Journal of Management, 2008,(3): 396 – 400; 468.

[9] CHOU C Y, CHEN G H. How to win the war of talent? Case study in biotech related industries of UK [J]. Journal of Human Resource Management, 2004,4(4): 131 – 154.

[10] CHOY R M, SAVERY L K. Employee plateauing: some workplace attitudes [J]. Journal of Management Development, 1998,17(6): 392 – 401.

[11] COLEMAN J S. Social capital in the creation of human capital [J]. American Journal of Sociology, 1988,94: 95-120.

[12] DAVIN D. Internal migration in contemporary China [M]. New York: Macmillan Press, 1999.

[13] FINGLETON B, IGLIORI D C, MOORE B. Employment growth of small high-technology firms and the role of horizontal clustering: Evidence from computing services and R&D in Great Britain, 1991-2000 [J]. Urban Studies, 2004,41(4): 773-799.

[14] FORSLID R, OTTAVIANO G I P. An analytically solvable core-periphery model [J]. Journal of Economic Geography, 2003,3(3): 229-240.

[15] FUJITA M, THISSE JACQUES-F. Dose geographic agglomeration foster economic growth? And who lose from it? [J]. The Japanese Economic Review, 2003,54(2): 121-145.

[16] GLAESER E, SCHEINKMAN J, SHLEIFER A. Economic Growth in a Cross-section of Cities [J]. Journal of Monetary Economics, 1995,36(1): 117-143.

[17] GOLDSMITH A H, DARITY W, VEUM J R. Race, cognitive skills, psychological capital and wages [J]. Review of Black Political Economy, 1988,26(2): 9-21.

[18] GOLDSMITH A H, VEUM J R, DARITY W. The impact of psychological and human capital on wages [J]. Economy Inquiry, 1997,35(4): 815-829.

[19] GRAVETTER F J, FORZANO L A. Research methods for the behavioral sciences [M]. Belmont, CA: Wadsworth/Thomson Learning, 2003.

[20] GREENHAUS J H, PARASURAMAN S, WORMLEY W M. Effects of race on organizational experiences, job performance evaluations, and career outcomes [J]. Academy of Management Journal, 1990,33(1): 64-86.

[21] GWYNNE P. Directing technology in Asia's 'dragons' [J]. Research-Technology Management, 1993,36(2): 12-15.

[22] HENDERSON J V, WANG H. G. Urbanization and City Growth [J]. Journal of Economic Geography, 2005,5: 23-42.

[23] HERMAN R E, GIOIA J L. Helping your organization become an employer of choice [J]. Employment Relation Today, 2001,28(2): 63-78.

[24] HIGHHOUSE S, LIEVENS F, SINAR E F. Measuring attraction to organizations [J]. Educational and Psychological Measurement, 2003,63(6): 986-1001.

[25] HIGHHOUSE S, STIERWALT S L, BACHIOCHI P D, et al. Effects of advertised human resource management practices on attraction of African American applicants [J]. Personnel Psychology, 1999,52(2): 425-442.

[26] HOM P W, GRIFFETH R. Employee turnover [M]. Clicinnati, OH: Southwestern, 1995.

[27] LEE T W, MITCHELL T R. An alternative approach: the unfolding model of voluntary employee turnover [J]. Academy of Management

Review, 1994,19(1): 51 - 89.

[28] LEE T W, MITCHELL T R, SABLYNSKI C J et al. The effects of job embeddedness on organizational citizenship, job performance, volitional absences, and voluntary turnover [J]. Academy of Management Journal, 2004,47(5): 711 - 722.

[29] LEE T W, MITCHELL T R, WISE L, et al. The unfolding model of voluntary turnover: a replication and extension [J]. Academy of Management Journal, 1999,42(4): 450 - 462.

[30] LIEVENS F, DECAESTEKER C, COETSIER P, et al. Organizational attractiveness for prospective applicants: a person-organisation fit perspective[J]. Applied Psychology, 2001,50(1): 30 - 51.

[31] LIEVENS F, HOYE G V, SCHREURS B. Examining the relationship between employer knowledge dimensions and organizational attractiveness: an application in a military context [J]. Journal of Occupational and Organizational Psychology, 2005,78(12): 553 - 572.

[32] LUTHANS F, AVOLIO B J, WALUMBWA F O, et al. The psychological capital of Chinese workers: exploring the relationship with performance [J]. Management and Organization Review, 2005,1(2): 249 - 271.

[33] LUTHANS F, CHURCH A H. Positive organizational behavior: developing and management psychological strengths [J]. The Academy of Management Executive, 2002,16(1): 57 - 72.

[34] LUTHANS F, LUTHANS K W, LUTHANS B C. Positive psychological capital: beyond human and social capital [J]. Business Horizons, 2004,47(1): 45 - 50.

[35] LUTHANS F, YOUSSEF-MORGAN C M. Human, social, and now positive psychological capital management: investing in people for competitive advantage[J]. Organizational Dynamics, 2004,33(2): 143 - 160.

[36] MANDELBAUM S J. Review: PlaNYC: a greener, greater New York, available from the office of the mayor, office of operations, 253 Broadway, 10th floor, New York, NY 10007 [J]. Journal of Planning Education & Research, 2007,27(2): 231 - 231.

[37] MCMEEKIN A, COOMBS R W. Human resource management and the motivation of technical professionals [J]. International Journal of Innovation Management, 2011,3(1): 1 - 26.

[38] MOBLEY W H. Employee turnover: causes, consequences and control [M]. Addison-Wesley, 1982.

[39] MÖLLER J, HAAS A. The agglomeration wage differential reconsidered: an investigation using German micro data 1984—1997 [J]. Springer Berlin Heidelberg, 2003,25(5): 733 - 734.

[40] MORETTI E. Workers education, spillovers and productivity: evidence from plant-level production functions[J]. American Economic Review, 2004,94(3): 656 - 690.

[41] NAHAPIET J, GHOSHAL S. Social capital, intellectual capital and the organizational advantage[J]. Academy of Management Review, 1998,23

(2)：242-266.

[42] OECD. Boosting innovation：the cluster app roach [R]. Paris：Focus Group on Clusters，1999.

[43] RAUCH J E. Productivity Gains from Geographic Concentration of Human Capital：Evidence from the Cities[J]. Journal of Urban Economics，1991,34(3)：380-400.

[44] RYNES S, CONNERLEY M L. Applicant reactions to alternative selection procedures [J]. Journal of Business and Psychology，1993,7(3)：261-277.

[45] SAXENIAN A. Regional advantage：culture and competition in Silicon Valley and route 128 [M]. Cambridge，Mass.：Harvard University Press，1994.

[46] SEIBERT S E, KRAIMER M L. The five-factor model of personality and career success [J]. Journal of Vocational Behavior，2001,58(1)：1-21.

[47] SHOUKSMITH G. Variable related to organizational commitment in health professionals [J]. Psychological Reports，1994,74(3)：707-711.

[48] SPENCE A M. Market signaling：informational transfer in hiring and related screening processes [M]. Cambridge：Harvard University Press，1974.

[49] SPITZMULLER M, HUNTINGTON R, WYATT W, et al. Building a company brand to attract talent [J]. Workspan：2002,45(7).

[50] STEERS R M, MOWDAY R. Employee turnover and post-decision accommodation process, In：Cumming L L, Staw B W(Eds.). Research in organizational behavior [M]. Greenwich, Conn：JAI Press，1981：253-281.

[51] TURBAN D B, FORRET M L, HENDRICKSON C L. Applicant attraction of firms：influence of organization reputation, job and organization attributes, and recruiter Behaviors [J]. Journal of Vocational Behavior，1998,52(1)：24-44.

[52] TURBAN D B, GREENING D W. Corporate social performance and organizational attractiveness to prospective employees [J]. The Academy of Management Journal，1997,40(3)：658-672.

[53] TURBAN D B, KEON T L. Organizational attractiveness：an interactionist perspective [J]. Journal of Applied Psychology，1993,78(2)：184-193.

[54] TURBAN D B, LAU C M, NGO H, et al. Organizational attractiveness of firms in the People's Republic of China：a person-organizational fit perspective [J]. Journal of Applied Psychology，2001,86(2)：194-206.

[55] 杰恩,川迪斯.研发组织管理,用好人才团队[M].柳卸林,杨艳芳,等,译.北京：知识产权出版社,2005.

[56] 迈克尔·波特.国家竞争优势[M].李明轩,邱如美,译.北京：华夏出版社,2002,(1)：72.

[57] 阿伦·拉奥皮埃罗·斯加鲁菲.在硅谷如何招聘创新人才[J].商学院,2017,(1)：119.

[58] 白春礼.中国科学院科技人才成长规律研究[M].北京：科学出版社,2007.

[59] 保罗·S.麦耶斯.知识管理与组织设计[M].珠海：珠海出版社,1998.

[60] 贝尔纳.科学的社会功能[M].陈体芳,译.桂林:广西师范大学出版社,2003.

[61] 蔡李毅.高新技术企业创新型人才素质评价研究[D].抚顺:辽宁石油化工大学经济管理学院,2012.

[62] 陈长喜,孙艳华.激励理论在建设我国科技人才队伍中的运用[J].山东科技大学学报(社会科学版),2002,(3):91-92.

[63] 陈晓萍,徐淑英,樊景立.组织与管理研究的实证方法[M].北京:北京大学出版社,2008.

[64] 程玉莲.企业科技人才建设与企业科技人才集聚[J].中南民族大学学报(人文社会科学版),2005,(1):73-74.

[65] 董国强.创新人才素质培养研究[D].哈尔滨:哈尔滨工业大学人文社会科学学院,2005.

[66] 杜谦,宋卫国.科技人才定义及相关统计问题[J].中国科技论坛,2004(5):136-140.

[67] 方新.论科技政策与科技指标[J].科技管理研究,2001,(1):6-9.

[68] 方新.中国科技创新与可持续发展[M].北京:科学出版社,2007.

[69] 傅端香.高新技术企业科技人才集聚现状及集聚战略研究[J].中国集体经济,2011,(4):164-165.

[70] 高福安,林淑华.创新人才培养方法论[M].北京:中国广播电视出版社,2005.

[71] 高艳,赵守国.企业科技人才资源管理的战略选择[J].中国软科学,2001,(6):48-52.

[72] 高原.美国如何吸引高科技人才[J].国际人才交流,2000,(5):31-32.

[73] 龚旭.美国的科技人才政策研究[N].科学新闻,2004-08-16(6).

[74] 郭世田.当代中国创新型人才发展问题研究[D].济南:山东大学政治学和公共管理学院,2012.

[75] 郭馨.浅析近年东北地区人才流失的原因[J].中国集体经济,2016,(24):102-103.

[76] 杭州市政府政研室综合处,浙大城市学院.加快高素质创新型人才向企业集聚的几点思考[J].杭州科技,2009,(1):26-29.

[77] 何凤秋,常虹.构建多层次、多元化事业单位高层次人才激励机制[J].劳动保障世界(理论版),2011,(6):4-9.

[78] 贺继红,杜恒波.基于生态学理论的企业科技人才集聚对策[J].商业时代,2006,(13):48-49.

[79] 何淑明.国有企业难以吸引人才的原因与对策[J].重庆工商大学学报,2006,(4):102-105.

[80] 胡蓓等.产业集群的人才集聚效应——理论与实证研究[M].北京:科学出版社,2009.

[81] 胡蓓,翁清雄,杨辉.基于求职者视角的组织人才吸引力实证分析——以十所名牌大学毕业生的求职倾向为例[J].预测,2008,(27):53-59.

[82] 胡蓓,周均旭,翁清雄.高科技产业集群特性对人才吸引力的影响——基于武汉光谷、北京中关村等产业集群的实证研究[J].研究与发展管理,2009,21(1):51-58.

[83] 胡蓓,翁清雄,杨辉.基于求职者视角的组织人才吸引力实证分析[J].预测,2008,(1):53-59.

［84］胡蓓,周均旭.产业集群人才吸引力纵向分层研究——以佛山地区产业集群为例[J].中国科技论坛,2009,(1)：94-97.

［85］霍影,程志刚,郝婉丽.人才结构调整与产业结构升级协同适配机制研究[J].当代教育科学,2013,(17)：34-36.

［86］IT时代.华为的人才管理智慧[J].人才资源开发,2015,(21)：74-75.

［87］纪建悦,张学海.我国科技人才流动动因的实证研究[J].中国海洋大学学报(社会科学版),2010,(3)：65-69.

［88］经济合作与发展组织,欧盟统计局.科技人力资源手册[Z].北京：新华出版社,2000.

［89］加里·S.贝克尔.人力资本：特别是关于教育的理论与经验分析[M].梁小民,译.北京：北京大学出版社,1987.

［90］姜金栋.双因素理论视角下的企业科技人才集聚机制研究[J].成都师范学院学报,2014,(9)：101-105.

［91］科学技术部.中国科学技术指标2004——科学技术黄皮书第7号[M].北京：科学技术文献出版社,2005.

［92］孔德议,张向前.组织承诺与知识型人才激励研究[J].商业研究,2013,(1)：102-107.

［93］兰措吉.关于人才流动态势及影响因素分析[J].人力资源管理,2015,(8)：22-23.

［94］李成武.中华人民共和国人才工作大事记(1949—2004年).中国人才发展报告(2)[M].北京：社会科学文献出版社,2005.

［95］李德才,等.科技人才成长规律的研究[J].长沙大学学报,2006(11)：40-42.

［96］李刚,牛芳.人才集聚与产业集聚[J].中国人才,2005(6)：26-28.

［97］李丽琴.交叉学科增量创新人才研究[D].长沙：中南大学网络教育学院,2005.

［98］李乃文,李方正.创新型科技人才集聚效应研究[J].徐州工程学院学报(社会科学版),2012,(2)：26-31.

［99］李锐,鞠晓峰.产业创新系统的自组织进化机制及动力模型[J].中国软科学,2009,(S1)：159-163.

［100］刘国钦,彭健伯.创新人才的培养[M].成都：四川人民出版社,2004.

［101］刘宁,王灵敏.人力资源管理政策对组织吸引力影响的实证研究[J].科技管理研究,2015,35(9)：216-222.

［102］刘少雪.面向创新型国家建设的科技领军人才成长研究[M].北京：中国人民出版社,2009.

［103］刘小兵,李维平.我国高级人才资源面临短缺危机[N].光明日报,1999-02-15.

［104］柳卸林,方新.18年中国科技体制改革的回顾及展望[J].新华文摘,2004,(12)：43-45

［105］柳卸林.全球化追赶与创新[M].北京：科学出版社,2008.

［106］柳卸林,等.北京制造企业创新研究[M].北京：知识产权出版社,2007.

［107］刘毅,高军,孙明哲.东北地区人才流失危机管理系统探讨[J].商业研究,2009(1)：91-94.

［108］吕宏芳.高技能人才与产业结构关联性研究：浙江案例[J].高等工程教育研究,2011(1)：67-72.

[109] 罗洪铁.人才学原理[M].成都：四川人民出版社,2006.

[110] 马进.区域人才环境评价指标体系的构成要素[J].人事管理,2003,(9)：4-6.

[111] 马歇尔.经济学原理[M].朱志泰,译.北京：商务印书馆,1964.

[112] 毛冠凤.高技术产业集群人才流动模式研究[D].武汉：华中科技大学管理学院,2008.

[113] 孟秀勤,史绍洁.北京人才工作报告[M].北京：中国人民大学出版社,2007.

[114] 聂明学,顾严.国外吸引高技术人才的政策及其启示[J].兰州学刊,2005,(146)：255-257.

[115] 牛冲槐,崔静,高凤莲.人才流动与人才聚集效应的作用机理研究[J].山西农业大学学报(社会科学版),2010,(1)：72-75.

[116] 全飞宇.浙江省技术创新人才集聚力评价指标体系构建与应用[D].杭州：浙江理工大学经济管理学院,2009.

[117] 荣泰生.AMOS 与研究方法[M].重庆：重庆大学出版社,2009.

[118] 芮雪琴,李环耐,牛冲槐,等.科技人才聚集与区域创新能力互动关系实证研究——基于 2001—2010 年省际面板数据[J].科技进步与对策,2014,(6)：23-28.

[119] 芮雪琴,李亚男,牛冲槐.科技人才聚集的区域演化对区域创新效率的影响[J].中国科技论坛,2015,(12)：126-131.

[120] 邵子桐.浅析员工培训在华为公司的重要性[J].知识经济,2017,(5)：96-97.

[121] 汪群,汪应洛,王建中.科技人才素质测评理论与应用[M].北京：科学出版社,1999.

[122] 王崇曦,胡蓓.产业集群环境人才吸引力评价与分析[J].中国行政管理,2007,(4)：50-53.

[123] 王崇曦,胡蓓.关于顺德产业集群环境对人才吸引的调研报告[J].世界经济文汇,2006,(6)：45-56.

[124] 王奋.中国科技人力资源区域集聚的理论与实证研究[M].北京：北京理工大学出版社,2008.

[125] 王奋,杨波.科技人力资源区域集聚影响因素的实证研究[J].科学学研究,2006,(10)：722-726.

[126] 王吉飞.中小企业如何依靠组织行为吸引人才[J].华北电力大学学报(社会科学版),2002,(3)：22-24.

[127] 王康.王康人才论集[M].北京：中国人事出版社,2004.

[128] 王灵敏,刘宁.组织吸引力研究综述[J].南京邮电大学学报(社会科学版),2013,15(1)：62-70.

[129] 王瑞旭.企业科技人才争夺理论与实践[M].北京：北京大学出版社,2004.

[130] 王通讯.经济全球化与中国人事管理现代化研究课题报告[R].中国人事研究院,2004.

[131] 王通讯.人才学通论[M].北京：中国社会科学院出版社,2001.

[132] 王艳龙.关于中小企业科技人才吸引力问题研究[J].经营管理者,2012,(24)：157.

[133] 王养成.企业科技人才吸引力及其定量评价研究[J].工业技术经济,2006,

(12)：115－119.

[134] 王泽娇.激励理论发展及新趋势研究[J].现代商业,2014,(11)：81.

[135] 魏开,蔡瀛,李少云.纽约2030年规划的整体特点及实施跟进述评[J].规划师,2013,29(1)：89－92.

[136] 威廉·配第.政治算术[M].陈冬野,译.北京：商务印书馆,1978.

[137] 翁清雄,吴松.组织吸引力的影响因素元分析：基于过去25年研究的回顾[J].预测,2015,34(1)：29－34.

[138] 吴殿延,等.高级科技人才成长的环境因素分析——以两院院士为例[J].自然辩证法研究,2003,(9)：54－63.

[139] 吴明隆,SPSS统计应用实务[M].北京：铁道出版社,2001.

[140] 肖翔.人力资源管理实践对组织吸引和组织公民行为的影响[D].杭州：浙江大学管理学院,2006.

[141] 徐茜,王莹,周英洪.工作满意度、组织承诺对流动倾向的影响——基于高科技企业科技人才样本的实证研究[J].山东财政学院学报,2013,(4)：34－62.

[142] 羊爱军,白杨青.激励理论相关进展研究综述[J].中小企业管理与科技(下旬刊),2009,(11)：69－70.

[143] 杨丽.企业科技人才技术创新激励研究[M].北京：中国经济出版社,2009.

[144] 杨明海,李倩倩,袁洪娟.高层次科技创新人才集聚效应的现状与提升战略研究——基于山东省的调研数据[J].经济与管理评论,2015,(4)：129－134.

[145] 杨芝.我国科技人才集聚机理与实证研究[D].武汉：武汉理工大学管理学院,2012.

[146] 杨志勤.组织吸引力理论及其在人才资源管理中的应用[J].企业活力,2009,(8)：87－90.

[147] 杨智勤.组织吸引力结构维度测量及其对企业科技人才战略的启示[J].科技管理研究,2010,(6)：170－192.

[148] 杨智勤.组织吸引力理论及其在人力资源管理中的应用[J].企业活力,2009,(8)：87－90.

[149] 杨智勤.组织吸引力在员工间的差异分析及其启示[J].现代管理科学,2010,(1)：54－87.

[150] 叶忠海.人才学基本原理[M].北京：蓝天出版社,2005.

[151] 易丹辉.结构方程模型方法与应用[M].北京：中国人民大学出版社,2008.

[152] 殷志平.雇主吸引力维度——初次求职者与再次求职者之间的对比[J].东南大学学报(哲学社会科学版),2007,9(3)：57－127.

[153] 于斌斌.区域一体化、集群效应与高端人才集聚——基于推拉理论扩展的视角[J].经济体制改革,2012,(6)：16－20.

[154] 郁培丽.产业集群技术知识创新系统演化阶段与路径分析[J].管理学报,2007,(4)：483－487.

[155] 翟青.企业技术创新激励理论的评述及启示[J].生产力研究,2010,(1)：195－197.

[156] 詹晖,吕康银.产业集群的人才集聚机制研究[J].技术经济与管理研究,2015,(5)：85－90.

[157] 张建国.打造世界人才的"筑梦空间"[J].中国人才,2017,(2):40.

[158] 张体勤,刘军,杨明海.知识型组织的人才集聚效应与集聚战略[J].理论学刊,2005,(6):70-72.

[159] 张同全.人才集聚效应评价指标体系研究[J].现代管理科学(管理创新),2008,(8):83-85.

[160] 张西奎.产业集群人才集聚与人才引力实证研究[D].武汉:华中科技大学管理学院,2006.

[161] 张樨樨,韩秀元.高新技术产业人才集聚发展环境综合评价研究[J].山东大学学报(哲学社会科学版),2013,(5):94-105.

[162] 张樨樨.产业集聚与人才集聚的互动关系评析[J].商业时代,2010,(18):119-120.

[163] 张延禄,杨乃定,刘效广.企业技术创新系统的自组织演化机制研究[J].科学学与科学技术管理,2013,(6):58-65.

[164] 张玉蓉.高校培养创新型人才之研究[D].成都:四川师范大学经济学院,2001.

[165] 张正堂.人力资源管理活动与企业绩效的关系:人力资源管理效能中介效应的实证研究[J].经济科学,2006,(2):43-53.

[166] 赵伟,包献华,屈宝强,等.创新型科技人才分类评价指标体系构建[J].科技进步与对策,2013,(16):113-117.

[167] 赵益华.产业结构调整下的人才结构研究——以浙江地板产业为例[J].绍兴文理学院学报(哲学社会科学),2013,(4):86-90.

[168] 赵永乐,殷风春.对人才新概念的几点认识[J].中国人才.2004,(2),63-64.

[169] 郑志刚.大型石化企业科技人才需求预测方法研究[D].大庆:大庆石油学院经济管理学院,2005.

[170] 中共中央组织部知识分子工作办公室.知识分子工作手册[Z].北京:党建读物出版社,2003-05(1).

[171] 中共中央组织部.2002—2005年全国人才队伍建设规划纲要[C].中国未来研究会会议论文集,2003-10:168-176.

[172] 中国工程院"创新人才"项目组.走向创新——创新型工程科技人才培养研究[J].高等工程教育研究,2010(1):1-19.

[173] 中国科技发展战略研究小组.2003年中国科技发展研究报告——全面建设小康社会的科技发展战略问题研究[D].北京:经济管理出版社,2004.

[174] 中国科学技术协会调研宣传部、中国科学技术协会发展研究中心.中国科技人力资源发展研究报告[R].北京:中国科学技术出版社,2008.

[175] 中国专业技术人才管理实用全书编写组.中国专业技术人才管理实用全书[Z].北京:中国人事出版社,2005-01(1).

[176] 周慧,崔祥民.环境价值观契合、组织声誉与人才吸引力关系研究[J].改革与战略,2015,31(3):156-160.

[177] 周均旭,胡蓓.产业集群人才吸引力实证研究[J].商场现代化,2008(36):287-288.

[178] 周均旭,胡蓓,张西奎.高技术产业集群人才吸引力影响因素的分层研究[J].科技进步与对策,2009,(26):141-144.

[179] 周均旭.产业集群人才吸引力及其影响机制研究[D].武汉:华中科技大学管理学院,2009.

［180］周昀.城市科技创新人才吸引力评价指标体系的构建［J］.商场现代,2009,
　　　(5)：310.
［181］朱春玲,刘永平.企业创新型人才素质模型的构建——基于中国移动通信
　　　集团调研数据的质性研究［J］.管理学报,2014,(12)：1737-1744.
［182］朱瑜.企业组织划分与人才任用［M］.广州：广东经济出版社,2005.

索　引

A

ANOVA 分析　152
案例分析　12,14,28,151,154,176

B

Bartlett 检验　116
变量共同度　116

C

产权理论　81
产业环境　2,49,52,81,92,93,100,
　103,156,177
产业集聚　29,33,35,39,91,104,
　200,203
产业集群规模　93,103,104,156
长期激励　32,43,46,72,89,100,
　158,163,181
创新创业生态系统　165
创新驱动　1,2,10,40,177
创新体系　16,24—27,80—82,105

D

电子信息产业　152,153,163,164
DLD 特拉维夫创新节　166

短期激励　32,46,181
多案例研究模型　154

E

e-Learning　162

F

《弗拉斯卡翟丛书——科技人力资源
　手册》　18,21,200

G

高新技术企业　13,14,19,20,110,
　158—160,177,199
高智力人才　153
根植意愿　98
工作意愿　87,98,137,138,151
股权激励　46,51,85,94,95,103,
　104,180,183,191
雇主吸引力　63,64,66,202
国际化程度　64
国家创新系统　25—27,80
《国家竞争优势》　40

I

ITA 企业　153,157—159
ITB 企业　153,157

J

激励—保健因素理论　48
激励理论　9,13,16,43—48,52,73,
　74,81—84,86,105,174,199,202
激励强化理论　49
集聚感知　98
技术创新　7,11,12,16,19,24,25,
　27, 28, 41, 46, 84, 99, 105, 177,
　201—203
结构方程模型　66,106,202
解释变量　107

K

开源项目　164
科技人才政策　22,49,81,94—96,
　101,102,107,179,181—183,185,
　199
控制变量　51,84,104,107,127,129,
　138,139,144,150,152,153,156
库克理论　60

L

Likert 5 级量表　110
流动意愿　98
《洛桑年鉴》　6

M

马太效应　69
莫布雷模型　57

N

内外部匹配理论　81
能力积累　157

Q

期权池　164

企业规模　71,80,84,100,104,107,
　153
企业内部激励　32,87,90,94,96,97,
　103,104,107,108,137,150

R

人才成长规律　3,5,198,200
人才激励　14,32,43,46,47,86,95,
　102, 151, 163, 164, 181, 183, 185,
　199,200
人才集聚理论　30,105
人才流动　16,33,38,41,51—58,60,
　61,69,73,81,87,91,95,97,101,
　102,105,148,164,200,201
人才市场环境　38,96,103,104
人才吸引力　10—16,30,33,36—39,
　43,55,60,61,64,65,67—74,81,
　86—88,90,91,93,94,96—100,
　103—110, 122, 124—126, 137—
　139,141—153,159,161—163,165,
　167—169, 174—177, 180, 185—
　187,192,199—201,203,204
人力资本理论　16,74,75,77,78,80

S

三步激励法　45
社会保障政策　38,94,103,104
社会动因　60
社会协作网络　93,103,104,157
生活环境　36,38,70,84,91,96,97,
　100,103,104,108,137—145,147—
　150,158,160,169,175,176
生物医药产业　152,153,158
所有制结构　104

T

弹性工作制　72,89,90,100,103
探索性因子分析　111,116,122,124,
　126

W

文化环境 22,38,42,84,90,91,93,100

物质激励 32,46,86,95,162,163,180

X

吸引力感知 64,87,98,137,138,151

相关性分析 144,145,149,150,176

项目分析 111,112,122,126

效度分析 111,120,122,126

信度分析 111,122,126,128,135,138,150

Y

研究假设 49,66,74,106,107,150,151,153,159

因素矩阵 119

影响因素 12,14—16,28,33,34,36—38,43,47,52,55—58,60,66,67,70—74,84,86,87,94,97,98,100,103,105,107,109—112,122,126,137,138,149,155,156,174—176,180,187,189,200—203

Z

政策环境 32,36,38,84,91,94,100,101,103,104,138,150,158,160,165,176,183

政府行为理论 81,100

专家意见法（Delphi） 68

子女教育环境 96,103,104

综合激励模型 50,51

组织吸引力 13,14,16,38,55,60,61,63—68,70—73,98,157,200—202

组织行为学 12,44,61,68,110,127

最佳工作场所 61,63,64